KB275572

성, 그 억압과 진보의 역사

차례
Contents

성의 개념

섹스의 어원

성(性)을 논할 때 오로지 섹스(sex)라는 단어만을 연상하는 사람들이 의외로 많다. 또 섹스의 의미를 성기 또는 성행위하고만 연관시키는 사람들도 적지 않다. 요즈음은 초등학생들이 섹스라는 단어를 남발할 정도로 그 용어가 보편화되었음에도 불구하고, 유감이라고 표현해야 될지 모르겠지만 그 의미를 정확하게 알고 사용하는 사람은 많지 않은 것 같다.

섹스의 진정한 의미는 그 어원을 알아야 이해가 되는데, 그 어원은 그리스 신화 속에 숨어 있다. 이 신화는 지금으로부터 약 2,400여 년 전 고대 아테네의 희극작가 아리스토파네스

(Aristophanes, B.C. 448~380?)가 지어낸 이야기이다. 그 이야기는 그보다 스무 살 정도 연하였고 그의 제자뻘인 플라톤(B.C. 427?~347?)이 대화록(Dialogues) 중 「향연 *Symposium*」 편에 기록하여 오늘날까지 전해오고 있다.

신화의 배경을 간단히 유추해보면 아마 당시는 "사람이 어떻게 살아가야 하는가?"의 교훈이 필요했던 시절이었던 모양이다. 아리스토파네스가 살았던 당시의 고대 그리스인들은 현대인들이 생각하는 것보다 훨씬 수준 높은 문화생활을 영위하고 있었다. 당시의 어른들이 젊은이들의 심리적 특성을 제대로 이해하지 못했던 것도 오늘날과 다를 바 없다.

아리스토파네스는 젊은이들의 고민을 단순히 관찰한 차원에서 멈추지 않고 그 고민의 근본원인을 찾아내어 나름대로 처방하려고 노력했던 인물이었음에 틀림없다. 그는 "사랑하는 남녀를 억지로 헤어지게 하면 왜 서로 애타게 그리워하는가?" 또 "왜 젊은이들이 어른들에게 고분고분하지 않고 버르장머리가 없다는 소리를 듣는가?"라는 물음에 대한 답을 찾고자 했다. 즉, 서로 상대방에게 푹 빠져버린 젊은 남녀를 억지로 헤어지게 할 경우 그들이 상사병에 시달려 일상생활을 제대로 하지 못하는 이유를 비롯하여, 어린 시절에는 고분고분했는데 나이가 들자 뭘 좀 안다고 생각하는 청소년들이 교만·방자하고 우쭐대는 이유를 설명하기 위해 인간의 조상들이 신들과 함께 살았다는 신화를 지어냈다.

신화 속에서는 인간의 생김새가 3가지 유형으로 구분되어 있다. 하나는 태양의 자손인 남자, 다른 하나는 땅의 자손인 여자, 그리고 나머지 하나는 달의 자손인 양성체 인간이었다. 세 부류 중 보통의 남자나 여자와는 다른, 즉 남녀가 한 몸을 이룬 채 태어난 양성체 인간들이 바로 신화의 핵심을 이룬 주인공이었다.

이들은 큰 머리 하나에 얼굴이 양쪽으로 나 있고, 등이 붙어 있어 몸통이 둥글게 생겼다. 그들은 두 사람의 머리가 합해 있어 보통 사람에 비해 정신능력이 더 뛰어날 뿐만 아니라, 앞뒤에 붙어 있는 4개의 눈으로 고개를 돌리지 않고도 사방을 둘러볼 수 있었다. 또 몸집이 큰 데다가 4쌍의 손발 때문에 땅을 짚고 굴러다닐 수도 있는 등 보통 사람보다 민첩성과 체력 등에서 훨씬 뛰어난 신체능력을 소유했다.

신들과 공생하던 시절 인간은 신들의 지배를 받고 살았다. 신들의 입장에서는 모든 인간이 동등하게 비춰지지 않았고 눈에 항상 거슬리는 존재가 있었으니, 바로 양성체 인간이었다. 정신이나 신체적인 면에서 뛰어난 능력을 소유하고 있었기 때문에 양성체 인간은 보통 사람들과의 교류에서도 교만했고, 신들과의 관계에서도 오만하다는 지적을 받았다. 머리가 뛰어난 양성체 인간은 신과 비교했을 때 별로 뒤질 바가 없다는 자만심으로 신들을 대했고, 신들은 양성체 인간을 만날 때마다 그들의 무례함 때문에 기분이 상하고 위협을 느낀다고 불평했다.

결국 제우스를 비롯한 신들은 양성체 인간이 교만한 이유가 바로 신체와 정신 능력이 너무 뛰어난 데 있음을 인식하고, 그들의 교만한 습성을 고치기로 결정했다. 그들의 능력을 경감시키기 위해 신들은 단안을 내렸는데, 남녀로 합해진 상태의 몸을 보통의 남녀로 갈라버리는 것이 그것이었다. 신들은 양성체 인간에게 이러한 벌을 내린 후에도 신들을 우습게 알거나 무례하게 행동할 경우, 즉 사람들이 말을 잘 듣지 않을 경우에는 또 한 번 갈라버려 아예 한 발로 깡충거리면서 살아가게 할 것이라 경고하면서 신화는 마무리되었다.

앞에서 말했듯이 신화의 초점은 양성체 인간에만 맞추어졌고, 양성체 인간을 둘로 갈라버린 탓에 사람은 아예 몸이 남녀로 구분된 상태에서 각각 다른 시간과 다른 곳에서 태어나게 된다. 그리고 나중에 성적으로 성숙하는 과정에서 또는 성숙한 이후에 자신의 반쪽인 짝을 만나게 되면 더 이상 떨어지지 않으려 한다고 설명했다.

아리스토파네스 신화는 라틴어로 기록되어 있는데, 영어 단어 '섹스'의 어원을 찾아보니 공교롭게도 그 신화에서 양성체 인간을 둘로 갈랐다는 동사형 의미(to cut: 라틴어 동사형 secare, 명사형 sexus)를 지니고 있었다. 또 초창기에는 '남녀를 둘로 갈랐다'라는 뜻에 국한되었던 섹스의 의미가 나중에는 시대의 흐름과 함께 폭넓게 변해갔다. 이 과정을 이해하기 위해서 먼저 왜 사람들이 성행위를 시도하는가에 대한 기본적인 이유를 살펴볼 필요가 있다.

성적 상호작용의 기능

사람들이 성행위를 시도하는 이유는 무엇일까? 선천적인 욕구나 충동, 감정 등을 본능이라 하는데, 그 질문에 대해 "단순히 본능 때문"이라고 답하면 어떨까? 이럴 경우 인간은 성적 본능을 별다른 제약도 없이 발산하고 살아가는 동물들과 전혀 구분되지 않는다. 성적 본능을 동물처럼 발산하고 살아가는 상황에서는 힘이 센 일부만이 욕구를 충족하고 살아갈 수 있지만, 힘이 없는 대다수는 강자들의 위협 때문에 욕구를 억제하며 살아야 했기 때문이다. 곧 본능의 욕구를 적절히 억제해야 만인들에게 삶의 권리가 공평해질 수 있었고, 동물과 구별되는 인간 고유의 문화를 창조할 수 있었다.

사람들에게 성행위의 목적이나 이유를 물으면, 종족보존 (procreation) 이외에도 사랑의 확인이나 갈등의 해소, 재화 획득 등 다양한 답이 나온다. 이러한 답들은 인간이 종족보존을 중요시하지만, 종족보존과 상관없는 상태에서 시도되는 성행위의 빈도가 훨씬 더 높음을 뜻한다. 그와 같은 다양한 대답을 한꺼번에 표현할 수 있는 용어는 바로 쾌락추구(recreation)이다. 그런데 종족보존과 쾌락추구는 상이한 것이 아니고, 상호 간에 창조(creation)의 개념이라는 공통점을 가지고 있다. 곧 전자는 2세 출산의 창조 기능을 지녔고, 후자는 욕구불만이나 긴장을 해소시켜 삶의 원동력인 에너지를 재충전한다는 창조 기능을 지니고 있는 것이다.

어느 시대에나 사람들은 성행위의 두 가지 기능(종족보존과 쾌락추구) 중 하나에 더 큰 비중을 두면서 살아가고 있다. 즉, 두 가지 모두를 동등하게 중요시하는 것이 아니라 종족보존 또는 쾌락추구를 더 지향한다는 것이다. 예를 들면, 결혼 초기에는 자녀 생산에 관심을 갖고 성생활을 하던 부부도 자녀생산을 더 이상 원하지 않을 때에는 성행위의 목적이 달라진다. 어느 기능을 더 강조하는가의 기준은 개인의 입장에서도 시간의 흐름에 따라 변하지만, 한 문화권에 속한 사람들의 입장 역시 시대에 따라 변한다.

그 변화 기제를 아주 단순하게 생각해보자. 한 문화권에 설정된 성행동의 기준은 동시대인들에게 너무 엄격하고 딱딱하다고 느껴질 때 사람들의 반발을 불러일으켜 조금씩 느슨해진다. 이와 반대로 기준이 너무 느슨하여 사람들이 무분별한 상태로 성욕을 탐닉한다고 느껴질 때에는 인간의 본질을 찾으면서 경각심을 불러일으키는, 다시 말하면 좀 더 엄격한 기준으로 바뀌게 된다. 범세계적으로 보면 20세기 중반 이래 그 기준이 전에 비해 점점 더 느슨해지는 경향을 나타낸다. 예를 들면, 우리 문화권에서도 1970년대보다는 1980년대, 1980년대보다는 1990년대, 또 1990년대보다 2000년대의 사람들이 더 자유스럽고 느슨한 기준에 의해 성욕을 발산하고 있다.

성욕 발산의 기준

이제 성욕을 발산하는 기준이 어떻게 변했는가를 간략하게 살펴보면서 섹스의 의미를 다시 알아보자. 역사적으로 쾌락추구를 탐닉했던 시대나 문화가 여러 차례, 여러 곳에서 있었는데, 지난 수천 년 동안 그 기준이 변해온 과정1)을 짧게 설명하기는 쉽지 않다. 우리나라는 특히 지난 반세기 동안 서구문화권의 영향을 매우 많이 받았기 때문에 그리스·로마 문화와 기독교 문화의 토양 속에서 살아온 서구인들의 사고방식의 변화를 알아야 우리나라 사람들이 언급하는 섹스의 의미를 제대로 파악할 수 있다.

먼저 고대 그리스와 로마시대를 살펴보자. 초기 그리스 시대, 즉 도시국가 문화권의 사람들은 한마디로 표현하자면 성적 쾌락을 향유하고 살아갔다. 당시에는 가족의 안정을 해치지 않는 범위 내에서 대부분의 성행위가 허용되었다. 그러나 기원전 6세기경에 와서는 자위행위나 동성애 등을 옳지 못한 것으로 비난했을 정도로 쾌락의 차원에서 성욕을 탐닉하는 행위가 금지되는 반면, 종족보존의 의무나 윤리 등은 중요시하는 상황으로 변했다. 그러다가 얼마 지나지 않아, 기원전 4~5세기에 와서는 나체주의, 동성애, 성매매, 축첩, 집단성행위 등이 유행할 정도로 성에 대한 태도가 쾌락을 탐닉하는 입장으로 다시 바뀌었다.

로마 시대는 그리스 시대와 비교할 때 전반적으로 성욕 표현이 더 자유분방한 분위기였다. 특히 서기 300년 전후에는 그리스 시대보다도 훨씬 더 노골적으로 성욕을 표현하게 되었는데, 당시 로마 황제들은 거의 대부분 동성애를 즐겼다. 귀족

들도 역시 성매매 등을 비롯하여 방탕한 생활이 수준 높은 문화생활이라고 여겼다. 결국 로마의 멸망은 종족보존보다도 쾌락추구를 지속적으로 탐닉하는 이러한 경향 때문에 초래되었다고 여겨진다. 예를 들어 목욕탕에서 포도주를 즐겨 마시며 성매매를 즐기던 남성들은 납으로 만들어진 술병과 술잔 때문에 납중독에 시달렸고, 그로 인해 정자세포를 제대로 생산하지 못해[2] 출산율이 저조했다. 이는 결국 로마를 지킬 수 없는 군사력 약화와 이어졌고, 이를 계기로 기독교를 공인할 수밖에 없었다. 이러한 변화는 로마제국의 종말로 해석된다.

이제 기독교 문화권에서 성을 어떤 입장에서 이해했는가를 보자. 성을 바라보는 기독교의 입장은 유대교의 사고방식을 그대로 반영한 것이나 다름없다. 그렇기 때문에 고대 유대인들이 성을 어떤 방식으로 이해했는가를 먼저 알아야 한다. 이를 좀 더 구체적으로 표현하면, 그들이 어떠한 맥락에서 종족보존을 중요시했는가를 먼저 알아야 한다는 것인데, 이 내용은 다음 장에서 설명되고 있기 때문에 여기에서는 언급을 생략하고자 한다.

성적 본능을 너무 억제시켜 종족보존만을 강조하는 기준을 세워두면 사람들은 어떻게 살아가는가? 우선 너무 무미건조한 생활로 욕구의 좌절을 느끼게 된다. 그러나 무한정 욕구좌절 상태로 있는 것이 아니라 대다수가 그 기준에 반발하면서 종족보존과 무관한 성행위를 조금씩 시도하게 된다. 그러다 보면 어느 순간에는 쾌락추구에 탐닉하는 상황이 되는데, 그 예들 중 하나가 14세기 유럽의 기독교 문화권이다. 종족보존의 기준에 반발하여 쾌락추구에 탐닉한 그들의 생활은 기독교 이념에 위반되는 타락이라 여겨졌다.

이에 기독교 지도자들은 인간들이 신의 명령을 무시하고 타락의 길로 접어든 이유를 하느님 말씀이 들어 있는 성경을 제대로 읽어보지 못했기 때문이라고 진단했다. 그 해결책으로 영국의 위클리프(John Wycliffe, 1324?~1384)를 비롯한 종교개혁가들은 그동안 희랍어나 히브리어, 라틴어로만 전해왔던 기독교 성경을 영어로 번역·보급하기로 했다.

그런데 성경의 번역과정에서 여러 문제점들이 등장했다. 대표적인 문제점은 언어의 상대성 원리(linguistic relativism) 때문에 원문의 뜻이 그대로 살아나는 번역이 불가능했다는 점이다. 지역이나 생활권마다 단어들의 상대적 중요성이나 의미가 다르다 보니 성경 초반부의 창세기 구절부터 번역 문제에 봉착했다. 그 예로 '노아의 방주'(Noah's Ark) 이야기를 보자. 이 이야기의 배경도 바로 쾌락추구에 탐닉한 상태로 성욕을 발산하면서 살아가던 인간의 생활상을 못마땅하게 여겨 신이 내린 벌에 해당된다. 40일 동안 비를 퍼부어 타락한 인간의 세상을 멸하기 전에 신은 노아에게 큰 배를 만들어 식솔들을 대피시키라고 명했으며, 아울러 이미 만들어 놓은 동물들의 씨가 마르지 않도록 각 동물의 암수 한 마리씩을 꼭 챙겨서 배 안에 피신시키라고 주문했다.

그러나 당시에는 암수를 의미하는 영문 단어가 없어 번역

과정에서 어려움이 생겼다. 이때까지 섹스라는 단어는 암수 또는 남녀가 붙어 있었던 상태를 둘로 나누었다는 동사형 의미로만 사용되고 있었는데, 어쩔 수 없이 번역 시 그 단어를 차용했다. 그 후로 섹스는 암수나 남녀를 의미하는 명사형 단어가 되었다. 즉, 섹스는 사람이 태어날 때 원래 한 몸이었던 양성체 중 남녀 어느 쪽으로 갈라져 있는 상태인가를 의미하게 되었는데, 이를 쉽게 생물학적 성별이라 한다.

공식적으로는 14세기경부터 섹스가 생물학적 성별을 의미했지만, 나중에 그 의미는 변질되었다. 변질이라기보다 확장이라는 표현이 더 옳을 것 같다. 그럼 어떠한 과정을 거쳐서 의미가 확장되었는가를 간단히 살펴보자.

모국어로 일상적인 대화를 할 때 사전을 들고 다니면서 단어의 사전적 의미를 정확하게 전달하는 사람들은 찾아보기 힘들다. 사전적인 의미보다도 자신도 모르는 상태에서 속어나 비어도 많이 사용할 뿐만 아니라 재미 삼아서 고의적으로 속어나 비어를 사용하기도 한다.

섹스의 의미가 너무 단순해서 식상했기 때문인지 아니면 종교개혁 이후 청교도 생활의 강요에 욕구불만이 생겼기 때문인지, 기독교 문화권에서는 생물학적 성별과는 다른 차원의 의미로 섹스라는 단어를 속어적으로 사용하기 시작했다. 즉, '둘로 갈라진 남녀가 다시 결합하게 되면 어떻게 되는가?'의 물음에 '두말할 것도 없이 아이가 생기지 않는가!'라는 답을 주고받으면서 '종족보존을 위한 남녀의 결합'이라는 뜻의 속어를 만들어 섹스라고 표현한 것이다. 오랜 세월동안 사람들이 섹스를 그와 같은 속어로 거침없이 사용하다보니 섹스는 드디어 18세기에 들어 '종족보존을 위한 남녀의 성행위'라는 뜻으로 사전에 추가되었다. 나중에는 그것도 부족하여 종족보존과 무관한 상태로 성욕을 발산하는 행위들도 섹스라고 속어적으로 표현하자, 19세기에 들어와서는 섹스가 '종족보존 이외의 성욕 발산을 위한 모든 행위'도 의미하게 되었다.

그래서 영어사전에는 '섹스'에 대해 '생물학적 성별' '종족보존을 위한 성행위' 및 '종족보존과 무관하게 성욕을 발산하는 행위'라는 최소한 3가지의 정의가 나타나 있다. 그럼에도 불구하고 아직도 섹스의 가장 기본적인 의미는 '생물학적 성별'이다. 이를 잘 모르는 사람들의 일부는 "섹스가 무엇인가"를 묻는 질문지에 '생물학적 성별'이 아닌 엉뚱한 답(일례로 성 경험 여부나 횟수)을 써 놓는다. 기본 의미를 모르면 그런 오답이 나오는 것이다. 그래서 섹스의 변질된 의미와 구분하기 위해 19세기에는 '섹슈얼리티'(sexuality)라는 단어가 등장했는데, 이는 특히 20세기 중반 이후에 성별이나 성행위를 포함하여 개인의 존재가치까지 나태내주는 단어로 사용되고 있다.

섹스와 젠더

근래 우리 문화권에서 언급되고 있는 '성'이라는 단어는 단순히 영문의 섹스만을 번역한 의미가 아니라 다른 의미도 포함되어 있다. 어느 사회 문화권에서나 한 개인이 살아갈 때 적용시키는 행동 기준은 그의 생물학적 성별에 따라서 달랐다. 최소한 1960년대까지는 출생 시의 성별구분, 즉 남녀에 따라서 삶의 권리를 비롯하여 능력이나 지위, 역할 등은 물론 성욕을 발산하는 권리까지도 당연히 달라야 한다고 생각했다.

다시 말하면, 태어나는 순간부터 남녀가 서로 다른 길을 가야 한다는 사회 문화적 환경 속에서 자라야 했고, 이로 인하여 후천적으로도 남녀의 가치를 구분했던 것이다. 이를 1960년대부터 젠더(gender)라는 개념으로 설명하기 시작했는데, 그 맥락을 간단히 살펴보자.

젠더는 20세기 중반까지 주로 철학이나 언어학에서 사용되던 용어였지만, 미국의 존스홉킨스(Johns Hopkins)대학교 의과대학의 머니(John Money)라는 심리학자가 1955년에 이 단어를 응용하기 시작했다. 당시 젠더의 의미는 '성별 구분이 매우 애매한 상태로 태어난 사람', 즉 출생 시 남녀의 판명이 어려운 상태의 사람이라는 뜻이었다. 잉태할 당시에는 남성이 되는 성염색체 조합이었더라도 수태로부터 6주일 무렵에 고환을 발달시키는 유전인자를 발현시키지 못하거나, 반대로 여성이 되는 조합이었더라도 고환구조를 발달시킬 경우 성별 구분이 애매하게 태어나게 된다. 그래서 머니는 생물학적 성별을 남, 여 및 젠더로 구분했다.

그런데 1960년대 구미 지역에서 차별을 받고 살아가던 흑인들을 중심으로 한 인권운동이 본격적으로 전개되자, 여성들도 이미 산업화 사회 후기로 변했음에도 불구하고 과거로부터 존속해왔던 남성중심의 환경에서 자신들의 능력이나 역할, 가치가 제대로 인정받지 못한 상황을 재조명하였다. 소위 페미니즘(feminism)이라는 여성 인권운동이 전개되면서부터 젠더라는 단어는 후천적으로 남녀를 구분하는 틀의 존재를 지적하기 위한 맥락에서 사용되기 시작했다.

우리 문화권에서는 섹스와 젠더를 모두 성(性)으로 번역하고 있다. 성이라는 글자를 분해해보면 그것이 마음을 뜻하는 심(心)과 몸을 뜻하는 생(生)의 결합임을 알 수 있다. 곧 섹스는 출생과 동시에 선천적으로 결정된 성별이므로 성에서 생의 의미를, 그리고 젠더는 다양한 사회제도, 즉 후천적으로 환경의 영향을 받으면서 형성된 남녀의 구별된 상태이므로 심의 의미를 지닌다.

성의 의미를 한 개인의 정체성(identity)과 연관시켜보면, '어떻게 태어났는가'의 섹스 및 '어떻게 살아가야 하는가'의 젠더 차원의 의미가 모두 포함되어 있다. "나는 누구인가?"라는 질문에 대해 "OO의 아들이다" "남자다" "1982년생이다" "한국에서 태어났다" 등으로 답했다면 이는 단순히 섹스 차원의 답이고, "OO의 아들로 훌륭한 자식이 될 것이다" "남자로서 이런 일을 하겠다" "아직 20대이지만 최소한 40대에는 이런 사람이 되겠다" "한국인으로서 이런 것을 도전해보겠다" 등 '어떻게 살 것인가'에 대한 대답을 생각했다면 이는 젠더 차원에서 답한 것이다.

정체성의 질문에 대한 답을 찾을 때 젠더까지 포함시켰다면, 사람으로서의 도리나 의무 등을 고려하게 된다. 여기에서 모든 사람들에게 가장 중요하면서 기본적이고, 누구에게나 공통적으로 부과하고 있는 의무나 도리가 무엇인지 생각해보자.

납세나 국방, 교육, 근로, 봉사 등의 의무도 중요하지만, 인류 역사에서 가장 중요한 위치를 차지하고 있는 것은 바로 종족보존의 의무이다. 모든 사람들이 종족보존 의무를 저버린다면 인간의 역사는 이미 종식되어 버리기 때문이다.

그러나 종족보존의 의무는 혼자서 해결하는 문제가 아니라 성적으로 성숙한 상태의 이성과 성관계를 가짐으로써 가능한 것이고, 또 종족보존을 위한 성행위도 제도적 틀을 무시한 상태에서 아무하고나 시도하는 게 아니다. 그렇기 때문에 성은 성행위를 포함한, 남녀간의 인간관계에서 발생할 수 있는 여러 가지 상황을 포괄한 상태로 이해해야 하며, 이런 차원에서 성교육을 가치관 교육이라고도 표현한다.

성 혁명과 진화

앞에서 언급했던 내용을 다시 한번 짚어보자. 성행위를 비롯, 성적으로 상호작용이 이루어지는 모든 행위에서는 상기의 2가지 기능이 동시에 충족되기도 하지만, 어느 시대에서나 사람들은 그들 중 하나에 더 큰 비중을 두고 성적 상호작용을 한다. 또 성행동의 정상여부를 가름하는 기준도 시대와 지역마다 종족보존과 쾌락추구 중 어디에 비중을 더 두었는가에 따라 다르다. 일반적으로 2가지 기능 중에서 종족보존을 중요시하는 상황을 사회과학적, 즉 정치학적 용어를 차용하여 '보수'라 하고, 이와 반대로 쾌락추구를 중요시하는 상황을 '진보'라고 구분한다.

또한 시대에 따라 2가지 기능에 대한 비중이 달라진다고 했는데, 그중 특히 보수의 비중이 줄어들어 진보의 비중이 빠르게 커지는 현상을 흔히 성 혁명(sexual revolution)이라 한다. 물론 혁명이라는 용어 자체가 과격성뿐 아니라 급한 변화를 내포하기에 이를 달갑지 않게 생각하는 사람들도 있는데, 그들은 혁명의 영문단어에서 첫 철자 'r'을 떼어내고 자연과학적(생물학적) 용어로 바꿔 성 진화(sexual evolution)라 하기도 한다. 중요한 것은 그것을 사회과학적 용어로 표현하든 자연과학적 용어로 표현하든, 변화는 항상 나타나고 있다는 점이다.[3)]

성욕 발산에 대한 기준은 무한정 보수나 진보의 한 방향으로 변하는 게 아니다. 최소한 수십 년에서 최대 수세기를 주기로 보수와 진보 간을 왕복한다. 종족보존을 강조하는 시대에는 성욕 억제에 대한 반발심 때문에 진보적 기준으로 바뀌는 혁명이 전개되고, 너무 자유분방한 표현으로 심각한 사회문제가 야기되면 기준은 보수 쪽으로 바뀌게 된다. 우리나라를 비롯한 현대 문화권은 대부분 20세기 중반 이후 성 혁명의 시대를 맞이하고 있는데, 범세계적으로 전개되었던 성 혁명을 간단히 정리해보면 다음과 같다.

서구사회에서는 기독교의 영향으로 성을 종족보존의 차원에서 바라보는 분위기가 수 세기 동안 유지되었다. 그러다가 중세 문예부흥기에는 그동안의 절제생활에 대한 반발로 성 혁명이 전개되었다. 그러나 곧 종교개혁이 이루어지면서 다시 청교도 생활이 강조되었고, 이러한 상황은 19세기의 빅토리아 왕조 시대4)까지 이어졌다.

20세기 초반 산업화사회로 변모하면서 빅토리아 왕조 시대의 욕구좌절에서 벗어나려는 반작용으로 자유연애사상이 고취되었다. 그러나 세계대전과 경제대공황, 한국전쟁 등으로 성욕 표출에 대한 정도가 주춤하다가 1960년대 이후 서구사회는 여성들이 복용하는 경구피임약(oral contraceptives)의 보급과 확산 등으로 인하여 성 혁명을 맞이하고 있다.

그러다가 진보로의 변화가 잠시 멈추는 것으로 착각한 시기가 있었다. 즉, 1980년대 초반부터 후반 사이에 후천성면역결핍증후군(AIDS)으로 인한 사망자가 갑자기 늘자, 특히 미국에서는 무분별하게 성적 욕망을 채우려는 자들에 대한 신의 심판이라는 주장도 제기되었고, 곧이어 1990년대 초반에는 성 혁명의 종말이 다가왔다고 진단하는 사람도 있었다. 다시 말해, AIDS 치료법이 전혀 규명되지 못한 상황이어서 성행위를 함부로 즐기던 사람들이 신중하게 성행위 상대를 선택하는 등 자신들의 태도나 행동의 기준을 좀 더 보수적인 방향으로 바꿀 것이라 예측했다는 뜻이다. 실제로 15세기 말~16세기 초에 매독이 무엇인지를 전혀 알지 못한 상태에서 수많은 사람들이 매독으로 죽자 유곽을 찾아가는 빈도가 줄어드는 등 사람들의 태도나 행동이 보수적인 방향으로 전환되기도 했다.

그런데 오늘날의 상황은 과거와 상당히 다르다. 교육수준이 높은 현대인은 너무 다른 모습을 보여 주었다. AIDS를 무서워하면서도 과학 기술의 발달속도로 볼 때 이를 이겨낼 수 있는 약들이 개발될 것이라고 믿었기 때문에 과거와 같은 행동이나 태도 변화가 별로 나타나지 않고 성욕을 발산하고 있다. 오히려 근자에는 발기부전 치료제가 보급되면서 욕망의 발산 폭이 더욱 더 넓어졌다. 곧 1960년대에는 피임약이 성 혁명을 초래하는 데 큰 역할을 했다면, 2000년대에는 발기부전 치료제가 그 역할을 대신하고 있는 것이다.

한반도의 변화

우리 문화권은 어떠한가? 아쉽다고 표현해야 될지 모르겠지만, 고대사회에서의 변화를 살펴볼 수 있는 문헌이 부족하여 정확하게 표현하기가 힘들다. 우리 고유의 문자를 개발하지 못한 시절이라 삼국 시대나 고려 시대에 우리나라를 방문했던 외국인들의 견문기록이나 역사서적에 의존하여 평가해 볼 때 남편과 사별한 여성이 시동생과 결혼했던 풍습, 시냇가에서 남녀가 함께 어울려 목욕했던 이야기, 동성끼리 성욕을 달래거나 미혼 여성이 아이를 출산한 이야기 등이 이미 삼국 시대 혹은 그 이전의 단면들이었다. 또 고려 시대에는 여성의 재혼, 근친혼이나 이혼 등이 오늘날보다 더 자유스러운 분위기에서 이루어졌다.

그러나 조선 시대에 이르러서는 유교가 국시로 채택되면서부터 성에 대한 기준이 매우 보수적인 방향으로 바뀌었는데, 종족보존을 원칙으로 하는 그 기준이 특히 여성에게 가혹하리만큼 적용되었다.[5] 사실 유교를 창시한 공자(B.C. 551~478)는 남녀를 차별했지만, 성욕 발산을 억압하거나 죄의식과 연관시키지는 않았다.[6] 위계질서를 잡기 위해 유교논리를 이용한 조선 시대의 위정자들 탓에 여성은 사회적 지위를 비롯하여 성적 표현의 의지까지도 빼앗겼다. 조선 시대는 한 마디로 한반도의 역사 중 남녀차별이 가장 심했던 시기였다.

곧이어 일제시대와 한국전쟁에 이르기까지 경제적 곤궁의 상황 때문이었는지 기존의 차별 문화는 전혀 타파되지 못했다. 산업화 초·중기의 경제부흥기를 맞이해서도 여성 노동력의 대가는 역시 적절한 평가를 받지 못했다. 후진국에서 벗어나 경제적 여유가 생기기 시작한 1980년대부터는 타 문화권과의 교류 확대, 물질문명의 발달로 인한 여유 증대 등에 의하여 성욕의 중요성이 부각되기 시작하였다. 예를 들면, 비디오 기기의 보급과 확산으로 인하여 외국에서 유입된 포르노에의 노출빈도가 늘어나면서 성에 대한 한국인들의 태도는 20세기 후반에 이르러 매우 빠른 속도로 진보적 입장으로 바뀌어버렸다. 다시 말해 서구에서는 피임약 개발이 성 혁명을 촉발시켰다고 한다면, 우리나라에서는 포르노의 확산이 그런 역할을 했다고 말할 수 있다.

우리나라의 20세기 후반 성 혁명은 서구보다 거의 20~25년 정도 늦게 전개됐지만, 21세기 초반의 상황은 특히 대중매체에서 성적 자극이 남발되는 등의 영향으로 성에 대한 태도나 행동에서 우리나라 사람들과 서구인들 간의 차이가 거의 없어져버릴 정도로 변모했다. 근래 우리나라의 성 혁명은 다른 문화권에 비해 매우 빠르게 진행되고 있어 동시대인들의 행동이나 태도 변화 속도에 쉽게 적응하지 못한 사람들도 생겨났다. 흔히 기성세대 남성들은 여성들의 변화를 못마땅하게 여기고, 또 나이 든 분들은 젊은이들의 변화를 역겨워하면서 20세기 후반을 '성도덕이 문란한 시대'라고 혹평하는데, 그것이 바로 적응의 어려움에 해당된다.

유인원의 사회행동 비교

인간과 유전적으로 가장 가까운 유인원으로는 침팬지를 연상하겠지만, 보노보(Bonobo)[7]라는 원숭이도 있다. 느닷없이 원숭이 이야기를 꺼낸다는 생각이 들지도 모르겠지만, 앞에서 언급해왔던 성적상호작용의 기능이나 본고의 다음 장에서 다룰 남녀 관계를 보다 더 적절하게 이해하기 위해서는 이 세 유인원들의 비교가 필수적이다. 종족보존이나 쾌락추구의 기능이 사회 문화적인 요인에 의한 것인지, 아니면 유전적인 요인에 의하여 결정된 것인지를 추론할 때 사람과 가까운 두 종의 유인원들의 생활상을 비교해 보면 도움이 되기 때문이다.

침팬지의 경우와는 달리 보노보에 대해서 아는 사람은 많지 않다. 보노보는 1928년에 처음 학계에 보고되었고, 1930년대 초반에 와서야 하나의 종에 해당된다고 인식되었다. 그 이전까지 보노보는 새끼 또는 사춘기에 접어든 침팬지 정도로 생각되었을 뿐이었다. 또 새끼침팬지가 몸이 아픈 사람들의 건강 회복에 좋다고 잘못 알려져 있어 인간의 먹이거리가 되기도 했다. 현재는 아프리카 콩고강 유역에 몇천 마리 정도만 남아 있는데, 국제사회의 특별한 보호를 받고 살아간다. 세 유인원 간 유전자의 공통성은 95% 이상이고 두 유인원 간의 공통성은 98% 이상이지만, 흥미롭게도 성적 상호작용에 대한 기능이나 암수 관계는 매우 다르게 진화되어 왔다.

침팬지는 우두머리 수컷 중심의 생활을 한다. 이를 굶주린 상태에서 실험해보면 분명히 확인할 수 있는데, 눈앞에 음식이 보여도 우두머리가 있을 때 다른 침팬지들은 배고프더라도 함부로 음식을 취하지 못한다. 우두머리가 배가 부를 만큼 먹은 다음에야 두 번째 강자의 차례가 돌아오는데, 이렇듯 침팬지들의 생활에서는 위계질서가 매우 뚜렷하게 나타난다. 우두머리 수컷은 음식을 비롯하여 암컷과의 교미시기에도 모든 암컷들을 독차지한다. 암컷 침팬지는 발정기(estrus cycle)가 되면 혈액 흐름의 변화 때문에 엉덩이 부위의 색깔이 더 진한 선홍색으로 변한다. 수컷은 그 색깔 변화와 함께 생식기에서 풍기는 냄새[8]로 암컷의 발정기를 알아채게 된다. 그러나 일반 수컷이 우두머리 수컷이 보는 앞에서 함부로 암컷과 교미행위를 시도했다가는 생존의 위협을 받을 수 있다.

그렇다면 침팬지 사회에서 우두머리가 아닌 다른 수컷들은 암컷들과 교미도 하지 못하고 살아가는가? 그렇지 않다. 우두머리가 눈에서 멀어지면 두 번째 강자인 수컷이 자기 세상처럼 행동하고, 또 그가 눈앞에서 사라지면 다음 강자의 수컷이 등장한다. 역시 암컷들도 우두머리 수컷과 교미 후에도 강자들의 눈을 피해 다른 수컷들을 유인하여 교미를 시도한다. 침팬지들이 교미할 때 걸리는 시간은 수십 초에 불과한 탓에 그와 같은 전략이 쉽게 통한다.

암컷 침팬지는 발정기가 되었을 때 자신이 속하는 무리들 중에서 우두머리를 비롯한 성인이 된 모든 수컷들과 교미를 시도한다. 왜 그런가? 우선 그 이유가 종족보존의 차원에서 잉태의 확률을 높이기 위해서일 것이라는 가정을 세워볼 수 있다. 그런데 암컷 침팬지는 이미 잉태가 된 이후에도 자신과 아직 교미를 하지 않는 수컷이 한 마리라도 남아 있다면, 그와 교미를 시도한다. 그러니 잉태확률을 높이기 위한 수단으로 수컷들을 상대한다고 하기는 어렵다. 그렇다면 암컷이 여러 수컷들을 상대하는 것이 쾌락추구와 같은 기능 때문인가? 그것도 아니다. 이를 잘못 이해하면 난잡한 성생활을 추구하는 경우의 사람처럼, 암컷 침팬지의 바람기가 강하다고 여겨질 수 있다.

그러나 암컷이 여러 수컷을 상대하는 이유는 다른 게 아니라 종족보존의 차원에서 자기가 낳은 새끼를 보호하려는 전략 때문이다. 양육의 역할을 암컷에게 맡겨버린 수컷들은 자기 새끼라고 생각되는 어린 침팬지에게는 심한 공격을 하지 않지만, 그렇지 않을 경우는 다르다. 눈앞에 얼씬거리는 약자에게는 매우 거칠게 대하다 보니 무리 속에 외지에서 태어난 새끼 침팬지를 섞어 놓으면 생존이 어렵다. 때문에 암컷은 자기가 낳은 새끼의 생존 및 안전을 위해서 각각의 수컷들에게 그들의 자식이라고 믿도록 하는 전략을 사용해야 하는 것이다.

보노보의 성적 상호작용 기능은 침팬지와 대조적이다. 침팬지가 단순히 종족보존을 위해 교미한다면, 보노보의 성행위는 주로 갈등해소를 위해 시도된다. 그들에게 갈등을 일으키는 요인은 다양하지만, 특히 음식이 눈앞에 나타날 때 갈등이 심해진다. 즉, 앞에 음식이 놓이면 그 주변에 모인 보노보들 간에는 상대방 입장을 생각해서인지 갈등이 생긴다. 그 갈등이란 바로 '나도 음식을 먹고 싶은데, 상대방은 얼마나 먹고 싶을까?'라는 생각으로 그 음식을 먹지 못함을 뜻한다. 이때 음식 주변에 모인 보노보들은 갈등 해소를 위해 성행위를 한다.

음식 주변에 몇 마리의 원숭이가 모였든지, 성별이 뭐든지 관계없이 보노보들은 두세 마리씩 나누어 성행위를 시도한다. 그러나 이들은 아무하고나 성행위를 하지 않고 직계가족이 아닌 상대하고만 한다. 또 성행위를 통해서 갈등이 해소된 직후 음식을 사이좋게 나누어 먹는데, 음식을 분배하는 역할은 수컷보다 암컷, 그 중에서도 나이가 든 암컷이 맡으며, 거의 항상 공평하게 음식을 분배한다. 이와 같이 음식으로부터 파생된 갈등과 관계를 가지며 그들의 성행동이 진화한 결과, 수컷 보노보는 혼자 있을 때도 음식 앞에서 발기가 된다.

보노보들의 성행위 자세도 침팬지와 다르다. 침팬지는 수컷이 암컷의 둔부 쪽에서 시도하지만, 보노보의 성행위는 사람들처럼 서로 마주보는 자세를 취한다.[9] 곧 보노보들은 성행위 기능이나 자세 면에서 볼 때 암컷의 입장을 잘 반영한다. 성행위 기능이나 남녀 관계에서 인간은 침팬지와 보노보의 중간 정도에 해당된다. 전통사회의 남성 문화권 모습은 침팬지에 가깝고, 근래처럼 양성평등[10]을 강조하는 시기에는 보노보에 가까워진 상태이다.

그러나 그들과 가까워진 것은 모습일 뿐, 차이는 분명히 존재한다. 예를 들어 남성 문화권에서의 남성들과 침팬지의 성행위를 비교해보자. 침팬지들은 수컷이 암컷을 마음대로 상대하는 것 같지만, 암컷의 발정기에만 교미행위가 이루어진다. 또 사람과 달리 암컷이 원하지 않을 때 강제로 교미를 시도하는 경우도 거의 없다. 인간은 진화과정에서 발정기가 사라져 언제든지 성행위를 할 수 있게 되었지만, 남성은 여성의 의지와 상관없이 일방적으로 강간을 시도해왔다.

전통사회에서의 성과 여성

원시사회

사람들은 언제부터 성행위와 임신과의 관계를 정확히 알아차렸을까? 문헌조사를 통해 알 수 있는 바가 아니지만, 비교적 오랜 세월이 소요됐을 것으로 추측된다. 원시사회에서 인류는 여느 동물들처럼 자연스럽게 교미를 통해 종족보존을 해왔지만, 그 결과로 생명이 태어난다는 사실은 잘 알지 못했을 것이다. 당시에는 땅이나 나무에서 싹이 트고 잎이 자라 열매를 맺고 어느 시점에 가면 모두 말라 죽고, 시간이 지나 다시 새싹이 트는 원리도 몰랐을 게다.

그렇다면 생명을 창출해주는 신비한 힘을 지닌 땅이나 나무 등의 대지는 원시인들에게는 경외의 대상이었을 것임을 짐작할 수 있다. 또한 대지에서 양식을 구하여 살아왔기 때문에 대지가 고마움의 대상으로도 이해되었을 것이다. 원시인들은 뭔가를 생성하는 대지를 두려움과 고마움에서 신처럼 여겨 제를 지내는 등 떠받들며 살아갔을 것이다. 양식이 부족하지 않았을 때에는 감사의 차원에서 제를 올리지만, 그 반대의 경우에는 노여움을 풀어드려야 다음에 먹을 것이 풍부해지리라는 기대에서 대지의 신에게 제를 올렸을 것이다. 이와 같은 신적 존재는 대지모신(大地母神)이라는 개념으로 표현한다.

남녀관계는 어떠했을까? 원시사회에서도 요즈음처럼 남성은 여성보다 체격조건이 더 유리했다. 그럼에도 불구하고 남성들은 여성들을 함부로 대하지 못했다. 그 이유는 크게 2가지로 압축시킬 수 있다. 하나는 생명 탄생의 원리를 잘 모르는 상태인지라 왜 여자만 아이를 낳는지도 잘 몰랐기 때문이다. 때문에 여성은 아이를 낳는 신비한 힘을 지닌 존재, 즉 대지모신에 가까운 존재처럼 이해되기도 했다.

다른 하나는 월경이 뭔지를 몰라 여성이 무서운 존재로 부각되었기 때문이다. 남성들의 상식으로 몸에서 피를 흘린다는 것은 몸이 아파 드러누워 있거나 목숨을 잃는 것이었다. 그럼에도 불구하고 몸에서 피를 흘리는 여성이 아프거나 죽지도 않은 상태로 살아가는 모습은 남성들에게 이해할 수 없는 현상으로 받아들여졌을 뿐 아니라, 두려움까지 주었을 것이다.

그러나 세월이 흐르면서 그 신비와 두려움의 정체가 서서히 드러났다. 예를 들어 원시인들이 한 지역에서 집단생활을 하더라도 시간이 흐를수록 인구가 불어남에 따라 생활해야 하는 주거공간이 여럿으로 나누어지는 것을 생각해보자. 원래의 삶터에서 수백 리 떨어진 먼 곳으로 이주하면서 간혹 여성들만으로 이루어진 주거지역도 생겼을 텐데, 그 지역에서는 인구가 더 이상 불어나지 않음을 관찰할 수 있었을 것이다. 이러한 관찰의 누적이 생명탄생의 신비를 추론할 수 있게 했다고 여겨진다. 즉, 생명의 탄생은 여성의 독자적 역할에 의한 현상이 아니고 그것에는 남성의 역할이 결정적이라는 것을 추론할 수 있었을 것이며, 또 여자가 몸에서 피를 흘리는 현상이 나타나야 아이를 가질 수 있음도 간파했을 것이다.

그 같은 인지적 추론이 가능해짐과 동시에 두뇌도 발달하여 인지능력이 급속히 신장되면서 남성들은 여성을 더 이상 두렵거나 신비한 존재로 여기지 않게 되었다. 이 때가 바로 원시인에서 고대인으로 변모했던 시점이다. 이를 달리 표현하자면 선사에서 역사시대로, 그리고 '남성이 여성에게 함부로 하지 못했던 문화권'[11]에서 남성중심의 문화권으로 전환된 시기였다고 말할 수 있다. 사회과학적 연구결과들을 종합해보면 지금으로부터 약 60~100세기 전에 그러한 변화가 이루어졌다고 추론할 수 있다.

전통사회에서의 성역할 1

고대사회로 전환된 시점부터 사람들은 단순히 종족보존만

이 아니라 쾌락추구의 차원에서도 성행위를 즐기기 시작했다. 체격조건이 여성들보다도 더 유리하여 힘이 셌던 남성들이 쾌락추구를 위해 더 날뛰었고, 남성들끼리도 남보다 종족보존과 쾌락추구의 욕구를 조금이라도 더 많이 충족시키려는 과정에서 질투와 투쟁 등 심한 갈등이 생겼다.

이러한 문제점을 해결하기 위한 수단으로 성적 본능을 억제시키는 제도적인 방안을 강구했는데, 그중 가장 대표적인 것이 바로 결혼제도이다. 결혼제도가 발달한 순수한 목적은 종족보존을 통한 가계계승은 물론 성적 쾌락까지 충족시킬 수 있게 해주기 위함이다. 성적 본능의 충족은 배우자로 한정되지만, 결혼은 가계계승을 눈으로 확인할 수 있을 뿐만 아니라 성적 쾌락추구도 가능하게 한 현명한 제도인 셈이다. 물론 힘이 셌던 남성은 그렇지 못한 남성들과 달리 한꺼번에 여러 부인을 상대로 결혼생활을 하면서 욕구 충족을 하였지만, 일부다처제를 인정한 대다수 문화권에서 실제로 2명 이상의 부인과 결혼생활을 했던 남성의 비율은 남녀인구의 비슷한 비율 때문에 생각보다 높지 않았다.

이제 가장 간단한 가족, 즉 남녀가 각각 한 사람씩으로 구성된 부부 가족을 토대로 전통사회에서 남녀간의 관계가 어떤 방식으로 발달했겠는가를 생각해보자. 그 가족의 삶의 질을 좌우하는 요소들은 무엇이겠는가? 우선 의식주부터 따져보자. 의식주 중 의복은 동물가죽으로 만든 옷 몇 벌만 있으면 별 문제가 없었을 것이고, 주거공간 역시 동굴이나 움막 등으로, 자주 이동할 필요가 없는 삶이었다. 그러므로 '식'(食)이 바로 삶의 질을 결정하는 데 가장 중요한 요소였을 것임을 짐작할 수 있다. 다시 말해 양식을 얼마나 많이 구했는가, 혹은 얼마나 많이 확보할 수 있는가에 따라서 고대인들의 삶의 수준은 달라졌을 것이다. 날씨가 별로 좋지 않은 기간이 길어질 때 양식을 제대로 구하지 못했다면 걱정과 불안에서 헤어나기가 어려웠을 것이기 때문이다.

그렇다면 양식을 어디에서 누가 구하는가? 양식은 모두 산이나 들, 바다나 강을 찾아다니면서 구해오거나 확보해놓고 있었다. 그러한 일은 남자도 할 수 있고 여자도 할 수 있는데, 실제로는 부부가 함께 양식을 구하는 것이 혼자서 하는 편보다 더 쉽다. 그렇지만 양식만 구하면 할 일이 더 이상 없는 게 아니라 그것을 적절하게 조리해 먹어야 하고, 또 부부가 살다보면 아이가 생겼을 때 함께 양식을 구하는 일이 어려워지기도 한다. 이처럼 가족이 생존을 위해, 더 나아가서는 보다 수준 높은 차원의 생존을 위해 해야 할 일들이 점차 늘어났는데, 이러한 과정에서 남녀의 역할이 자연스럽게, 편의상 구분되었다.

이 상황을 보다 쉽게 이해하기 위한 예를 하나 들어 보자. 아직 자녀를 생산하지 않은 부부가 함께 먹을 것을 구하고, 함께 조리해서 먹고살다가 하루는 남자가 병약한 상태로 앓아누워있게 되었다. 이때 집에 식량이 고갈되어 있을 경우, 굶어죽지 않으려면 여자는 혼자라도 밖에 나가 양식을 구해야 한다. 식량을 구하러 나갔던 여성은 들로 산으로 강으로 가서 열심히 일하지만, 생각보다 쉽게 양식들이 구해지지 않는다. 눈에 보이는 물고기나 뛰어다니는 산짐승들은 쉽게 잡힐 듯하지만, 놓쳐버리고 만다. 결국 집에 돌아올 때 여성은 겨우 남편과 저녁을 때울 수 있을 정도의 식량만 구해올 수밖에 없다.

다음날 아침 병세로부터 기력을 어느 정도 회복한 남편은 집에 양식이 전혀 없음을 알고서 혼자 양식을 구하러 나갔는데, 시간이 얼마 지나지 않았는데도 양식을 구해 들어온다. 물론 여성과 함께 구했을 때보다는 많지 않지만 여성 혼자서 구한 음식의 양보다 훨씬 많은 양의 식량을 구해 돌아올 수 있는 것이다.

왜 그러한 차이가 생기게 되었을까? 바로 선천적으로 타고난 신체적인 힘의 차이 때문이었다. 또 시간이 갈수록 할 일이 늘어나게 되었는데, 이를 계기로 고대인들은 여러 가지 일들을 남녀가 함께 하는 것이 가능하더라도 서로 분담할 때 더 합리적임을 알아차렸다. 곧 바깥 세상에 나가 음식을 구하는 역할은 힘이 더 많이 드는 일이므로 여자보다도 남성에게 더 적절하며, 그밖에 집에서 하는 일은 힘이 별로 들지 않으므로 여자에게 더 적절하다고 판단했다.

쉽게 표현하자면, 남녀 역할은 집 울타리를 경계선으로 집 밖에서 하는 일을 남성이 맡으며 또 집안에서 하는 일을 여성이 맡는 식으로 구분되었다. 이러한 상황을 영문으로 표현하는 구절이 바로 "men at work, women at home"(남자는 바깥 직장일, 여자는 집안일)이다. 또 부부를 내외(內外)관계로 보는 동양의 사고방식도 이런 맥락에서 생겨났다.

편의상 남녀 역할을 구분했어도 고대인들은 남성의 역할이 여성의 역할보다 훨씬 더 중요하다고 생각했다. 남성이 식량을 구해오지 않는다면 가족이 살아가기 힘들고, 또 남성 대신 여성이 식량을 구해오는 일이 쉽지 않다고 믿었기 때문이었다. 그래서 가족의 주인 행세는 여성보다도 존재가치가 더 높은 남성이 하게 되었다(아직도 이런 사고방식의 잔재는 남아 있다). 그렇기 때문에 가장은 당연히 남성이어야 하고, 남성은 여성과 달리 좀 더 높은 사람으로 불리기를 바란다. 예를 들면, 남편은 아내를 다른 사람들에게 소개할 때 '안사람'이라고 하는데 그칠 수 있지만, 아내는 남편을 '바깥사람'이라고 소개하는 대신 '바깥양반'이라고 높여 소개하기도 한다.

전통사회에서는 왜 남편이 아내보다 더 높은 존재로 군림했고, 아내는 남편을 위해 어떤 일을 했는가? 남편이 밖에서 음식을 구하는 상황으로 이를 상상해보자. 단순히 밭을 갈고 나무에 올라 열매를 따는 일이 아니라 강에서 물고기를 잡고, 산에서 토끼와 짐승을 잡고 있다고 가정하자. 눈에 보이는 물고기나 토끼가 '나 잡아가시오!' 하고 기다리는 상황은 거의 없다. 이들을 잡기 위해서 열심히 겨냥하고, 던지고, 쫓는 과정에서 남자는 넘어지고, 무릎이 깨지고, 피를 흘리고, 숨을 헐떡거리는 등 험난한 시간을 보내는 게 예사이다. 게다가 맹수라도 만나면 몇 시간 동안이나 나무 위로 올라가 피해 있어야 하는 등 밖에서 음식 구하는 일은 만만치 않다. 요즘 말로

스트레스가 쌓이는 힘든 작업이다.

식량을 구해 집으로 들어온 남편에게 아내는 어떻게 대했을까? 험난한 바깥세상에서 식량을 구하는 동안 쌓인 스트레스를 풀어주는 역할을 해야 했다. 남편이 구해온 음식을 맛있게 먹도록 해주어야 하며, 밖에서 돌아온 남편에게 고마움을 표시하면서 따뜻한 물로 발도 씻겨주는 등 편안함을 유지시켜주는 것이다. 아울러 밖에서 스트레스가 쌓인 것을 성적인 관계를 통해서 해소시켜주는 역할도 해주어야 했다. 여성은 남성이 밖에 나가 음식을 잘 구해올 수 있도록 도와주는 역할을 해야 하는데, 이를 내조(內助)라고 표현했다.

이와 반대로 아내가 밖에서 들어온 남편을 들들 볶으면 스트레스가 더 쌓이게 된다. 기분이 시무룩해 보인 남편에게 밖에서 무슨 일이 있었는가를 묻는 것도 간섭에 해당되었다. 남편이 알 필요 없다고 잡아뗌에도 불구하고 여자가 또다시 물어본다면, 남편의 입장에서는 바깥세상의 일을 '하찮은' 여자와 의논하거나 조언 받는 것으로 여겨 자존심이 무척 상해버린다. 곧 전통사회에서는 아예 바깥에서 언짢은 일이 있었는가를 물어보는 여인의 태도는 현명한 처사가 아니었던 것이다. 혹시라도 아내가 남편에게 성관계라도 요구하게 되면 더 이상한 여자로 취급받았다. 집에서 하는 일들은 힘이 들지도 않아서 스트레스를 받지 않을 터인데, 여자가 성행위를 요구한다면 바람직하지 못한 여인이 되어버린다.

따라서 성적 요구의 권리는 밖에서 힘들게 일하면서 스트레스를 받는 남편에게만 있고, 아내는 본인의 의지와 상관없이 어느 때든지 남편이 요구할 때 응해주어야 할 의무만 있었던 것이다. 그래서 여성은 남성의 혈통을 이어줄 때 필요한 기계와 같은 존재, 또 남성이 스트레스가 쌓여서 이를 해소시켜야 할 때 상대가 되어주는 존재에 불과했다.

결혼할 때 남성이 여성의 가족에게 신부대금을 지불하고 아내를 맞아들이는 문화권에서는 특히 그와 같은 권리와 의무의 사고방식이 팽배했다. 남편은 여자를 재산처럼 취급했기에 아내에게 복종을 강요할 수 있었던 반면, 아내는 남편의 욕망이나 요구를 거역할 수도 없었다. 그래서 아들을 생산하지 못하는 아내는 뒷전으로 물러나 남편에게 첩을 얻어주는 게 다반사였다.

전통사회에서의 성역할 2

전통사회에서 아이가 태어나면 어떻게 키웠을까? 부부 사이에 자녀가 생기면 남성에게는 아버지로서의 역할이 추가되고, 여성에게는 어머니의 역할이 추가된다. 아버지는 전보다 더 많은 식량을 구해야 하고, 어머니는 남편에게 내조하면서 역시 집안에서 아이 키우는 일을 도맡는다. 곧 어린 시절부터 자녀의 교육은 주로 집에서 어머니에 의해 이루어지기 때문에 혹시라도 자녀가 마을에 나가 놀다가 말썽을 피우면, 이를 어머니가 가정교육을 제대로 시키지 못한 탓으로 해석하여 여성을 비난하게 된다.

아들인가 딸인가에 따라 나중에 자신의 성별에 맞게 특성을 개발시켜주는 것도 부모의 역할이었다. 특히 어렸을 때에는 자녀의 성별에 관계없이 어머니가 그 역할을 전담하다가 자녀가 성숙하면서 여아는 주로 집에 머물지만 남아일 경우에는 아버지를 따라 밖에 나다니면서 남성으로서 갖추어야 할 특성을 배우게 된다.

그렇다면 남녀의 특성은 어떻게 다른 것인가? 남아는 성인이 되어 가장노릇을 잘 할 수 있도록, 즉 험난한 바깥 세상에 나가 양식 구하는 일을 잘 하는 특성을 어린 시절부터 개발시켜야 하는데, 이를 남성성(masculinity)이라고 부른다. 그 반면에 여아에게는 나중에 남성이 밖에 나가서 열심히 일을 할 수록 도울 수 있는 특성을 개발시켜주어야 하는데, 이를 여성성(femininity)이라고 부른다. 우리가 흔히 "남자답다"고 표현할 때 그것은 남성에게는 당연하지만, 여성에 대해서는 별로 바람직하지 못하다는 의미를 내포하고 있다. 역시 "여성스럽다"라는 표현도 여성에게는 적절하지만, 여성스러움을 보여준 남성은 별로 바람직하지 못한 사람으로 취급된다. 이와 같은 남성성과 여성성의 내용은 전통적 성역할 구분에 따른 특성을 의미한다.

남성성은 어려서부터 어떻게 개발시키는가? 아이가 달리다가 넘어져 다친 상황을 연상해보자. 아이가 참기 어려울 정도로 아파서 울 때에도 그 아이의 성별에 따라 대하는 것이 달라진다. 일반적으로 남자 아이가 아픔을 이겨내지 못하고 서럽게 울면 연약한 사내처럼 취급한다. 험난한 바깥세상의 풍파를 헤쳐 나가기 힘들어 보이기 때문이다. 때문에 그만 울라고 재촉하며, 그래도 계속 울면 "뚝 그쳐!" 하고 다그치면서 고통을 이겨내는 훈련을 시킨다. 반면에 다쳤더라도 처음부터 고통을 참아내고 이를 악물고 울지 않은 남자 아이라면 "정말 남자답구나!" "나중에 훌륭한 사람 되겠다!" 등 격려를 아끼지 않고, 부모도 그런 아이를 보면 뿌듯한 생각이 든다.

여자 아이는 어떠한가? 다쳐서 아플 때 당연히 아픔을 표현하고 울어야 한다. 남성에 비해 연약함을 숨기지 않고 표현해야 오히려 여자다운 모습을 간직한 사람으로 보기 때문이다. 이런 연약함을 표현하면 성인 혹은 다른 사람의 보호나 위안을 받게 되고, 그 과정에서 마음의 평정을 찾는다는 생각에 여자 아이가 울고 있을 때 어른은 "얼마나 아프겠느냐!" 하는 관심을 보여주게 된다.

그런데 여자 아이가 아픔에도 불구하고 이를 참아버린다면 어떻게 되는가? 둘 중 하나이다. 하나는 그 여자애가 다쳤더라도 별로 아프지 않을 정도인가보다 하고 생각하는 것이고, 다른 하나는 그 여자애가 아픔을 참고 있음을 알았을 때 "무슨 여자애가 저리 독해!" 하며 오히려 혹평하는 것이다. 그 이유는 그 아이가 여성성을 전혀 보여주지 않기 때문이다. 그런 여자아이는 나중에 집안일을 전담하면서 내조를 잘 하는 게 아니라 남편의 바깥일을 사사건건 간섭하는 등 마찰을 일으키는

못된 여자가 될 가능성이 높다고들 생각하는데, '팔자가 센 여자'라는 속어가 그런 의미이다.

감동적인 드라마를 보면 누구나 눈물이 핑 돈다. 성인이 되어서도 여자는 기분이 울적할 때 드라마 내용을 핑계 삼아 펑펑 울어버려도 아무렇지 않지만, 남자는 초등학생이라도 눈물을 보이면 곤란하다. 아무리 감동적이어도 혀나 입술을 깨물고, 딴 생각을 하고, 다른 곳을 쳐다보며 가능하면 눈물이 나오지 않도록 연기해야 한다. 그렇지 않으면 웃음거리가 될 수 있다. 이렇듯이 남자는 바깥일을 전담해야 하는 역할구분 때문에 아프거나 슬프거나 괴롭거나 기분이 좋아도 감정 표현을 함부로 하지 못하고 살아야 했다.

그러다 보니 남자는 부드러움과 거리가 먼 사람이 되어야 했고, 사랑의 표현도 여자에게 인색하고 서툴 수밖에 없었다. 성에 따른 역할구분이라는 것이 어린 시절부터의 남자의 삶 자체를 그렇게 만들어버렸기 때문에, 남자의 마음이 따뜻해도 목석과 같다, 차갑다, 정서가 메말랐다 등의 핀잔을 듣고 살았던 것이다. 또 남자는 집안의 사소한 일에 신경을 쓰지 않아야 했는데, 그 결과 부엌일하고도 거리를 두고 살아야 했다. 여자는 그와 반대로 다소곳하고, 부드럽고, 말이 없고, 고분고분하고, 연약한 모습을 보여주어야 했다.

문화권 비교와 근대사회

서구 헬레니즘 문화권

헤시오도스(Hesiod, B.C.8세기의 시인)나 플라톤 등 고대 그리스의 학자들은 한결같이 여성을 남성보다 열등한 존재라고 기술했다. 그들은 원래 여자가 없는 남자들만의 세상이었지만, 남자들 중에서 자신의 감정을 통제하지 못한 자가 나중에 다시 여자로 태어난다고 주장했다. 또 그들은 여자에 대해서 '자신의 욕정에 더 얽매여 살아가므로 완전하지 못한 존재, 그렇지만 동물보다는 수준이 높은 존재'라고 기술했는데, 남자가 결혼하여 여자의 동물적 속성인 욕정을 통제하면서 살아가는 것이 자연의 질서라고 설명했다.

　그들의 영향을 받은 아리스토텔레스는 왜 여성이 남성보다 불완전한 존재인지를 설명하는 생물학 이론을 최초로 정립시켰다. 그는 모든 물질계가 서로 대조적 특성을 지닌 4가지 기본요소로 구성되어 있는데, 이들은 흙(건, 냉), 물(습, 냉), 공기(온, 습) 및 불(온, 건)이라고 했다. 아리스토텔레스는 사람도 물질의 일부이며, 남성만이 그 4가지 기본요소의 특성을 제대로 갖추었기 때문에 진정한 인간의 모습이라고 설명했다. 동시에 그는 유기체가 발달과정에서 완전한 모습으로 발달하면 남성이 되지만, 그렇지 못하면 여성이 된다는 이론을 전개했다. 그 이론의 골자는 물질을 발달시킬 때 열이 생성되는데, 열을 많이 생성시키는 동물일수록 발달이 더 잘 된다는 것이었다. 즉, 여성은 남성보다 열을 덜 발생시킨 까닭에 더 열등한 존재라는 이론이었다.

　아리스토텔레스의 생물학적 논리는 2세기경 갈렌(Galen, 그리스의 의사·철학자) 시대까지 몇 세기 동안 받아들여졌다. 그러한 남녀차별 논리는 최소한 중세에까지 그대로 반영되었는데, 심지어 연금술사들도 그렇게 설명했다. 연금술사들은 물질을 구성하는 요소의 구조를 변형시키면 다른 물질을 만들어 낼 수 있다고 믿었는데, 일례로 납에 열을 가하여 색깔을 노랗게 변화시켜 금을 만들 수 있다고 생각했던 것이 그것이다. 금(gold)은 흙, 물, 공기, 불 등 4가지 기본요소의 균형이 가장 완벽한 상태의 것으로, 연금술사들이 추구하는 최종 목표였다.

　연금술사들은 물질의 변형과정에서 남자는 완전한 형태에

해당되지만 여자는 불완전하다는 아리스토텔레스의 생각을 그대로 받아들였다. 결과적으로 그들은 남성만이 종족보존의 씨를 만들어낼 수 있으며, 종족보존의 과정에서 여성의 역할은 남성이 심어준 씨를 키우는 것에 불과하다고 주장했다. 또 남성이 만들어낸 씨는 흠이 없는 완전한 것이기에 아이가 혹 불완전한 상태로 태어나면 여성의 잘못이라고 설명했다.

고대 그리스 시대로부터 17세기까지 거의 2천 년 이상 종족보존에서 남성의 역할이 절대적으로 중요하다는 이러한 믿음이 지속되었다. 유교의 영향을 받은 우리 문화권에도 그와 유사한 믿음이 있었다. "아버님 날 낳으시고, 어머님 날 기르시니"라는 가사의 일부는 종족보존에서 남성이 씨를 만들어내고, 여성이 밭에서 그것을 키워낸다는 논리에 해당한다. 그러나 우리와 달리 서구에서는 그 믿음을 증명하려고 노력했다.

중세 서구에서는 남성에게 인간의 씨가 들어 있음을 증명하려는 학자들이 나타났는데, 소위 현미경 연구가들이 그들이었다. 예를 들면, 델프트(Delft)[12]라는 네덜란드의 조그마한 도시의 시청에서 수위를 하면서 직물판매점을 운영했던 레벤후크(Anton van Leeuwenhoeck, 1632~1723)가 원시적 현미경을 개량하여 생물조직을 연구하면서 이름을 알리자 그 연구에 관심을 갖고 찾아오는 제자들도 생겨났다. 나중에 그의 조수가 되었던 햄(Louis Dominicus Hamm)이라는 친구는 남성의 정액을 현미경에서 관찰해보니 정액 속에 아주 작은 생명체가 보인다고 주장했다. 곧이어 하트쇠커(Nicholas Hartsoeker, 1656~1725)

는 정자세포 속에 아주 작은 사람의 모습이 있다면서 이를 그림으로 그려냈다.

레벤후크와 하트쇠커는 정자세포 속에 축소인간(homunculus)이 들어 있다고 주장한 대표적인 인물들인데, 그들은 여성의 난자를 정자세포의 일시적인 거주지라고 보았다. 즉, 사람의 전체 모습은 정자세포 속에 들어 있고, 여성은 양분이나 온도, 주거지를 제공하면서 정자세포 내의 축소인간을 키워내는 역할을 한다고 믿었던 것이다. 그러나 그와 같은 주장은 현미경의 배율이 높아지면서 약 1세기 후에 사라졌는데, 고배율 현미경으로 정자세포를 아무리 들여다보아도 사람의 모습이 전혀 보이지 않았기 때문이었다.

서구 기독교 문화권 1

이집트에서 노예생활을 하다가 탈출했던 고대 유대인들이 정착했던 이스라엘은 생존하기에 매우 열악한 환경이었다. 때문에 그들은 한곳에 정착하고 싶어도 가뭄과 기근 등으로 식량을 제대로 확보하지 못해 다른 곳으로 이주하였고, 그곳도 역시 비슷한 조건이어서 얼마 못 가서 또 다른 곳으로 이주하며 살았다. 이 과정에서 자녀를 생산하는 비율이 어린이나 노약자들이 쉽게 병들어 죽어간 비율을 따라가지 못해 그들은 종족 단절을 매우 심하게 걱정했고, 하늘에 계신다는 신을 원망하면서 이단으로 빠져나가기도 했다.

이러한 상황에서 기록상 유대인들의 시조라고 여기던 아브라함이 나타나, 자기 종족은 절대로 멸망하지 않을 것이니 종족을 퍼뜨리라는 신의 계시를 받았다고 했다. 그는 신으로부터 "아브라함아! 저 하늘을 쳐다보아라! 저기에 있는 수많은 별들처럼 너희 자손들도 번성하리라!" 하는 계시와 함께 종족보존의 씨가 바로 남성의 정액에 들어있다는 암시를 받았다면서 마음이 약해진 유대인들을 응집시켰다. 지금으로부터 거의 4천 년 전의 상황이지만 그 후부터 유대인들은 남성의 정액이 종족보존과 관계없이 사용되는 것을 신의 명령에 거역하는 행위로 여겨 금기했다.

그와 같은 사고방식에 따르면 남성들의 동성애나 자위행위는 신의 명령에 거역하는 행위였던 반면, 여성을 강간하는 행위는 신의 명령에 거역하는 게 아니었다. 강간은 종족보존, 즉 임신과 관계가 있었기 때문에 큰 죄가 아니었고, 그러므로 단순히 다른 남성의 소유물인 여성을 탐한 재산상의 경범죄 정도로 취급되기도 했다. 그러나 여성들의 동성애나 자위행위는 인간의 씨가 사라지는 것과 관계가 없다고 믿었으므로 이것에 대한 언급은 별로 없었다.

고대 유대인들이 종족보존에 너무나도 집착한 결과 특이한 결혼제도가 생겨났다. 딸보다 아들을 더 중시하고, 아들이 여럿일 때에는 장자만을 가계계승에 적합한 자로 인정했기에 기혼여성에게 주어진 가장 큰 의무사항은 아들의 생산이었다. 이는 동양의 유교문화권과 비슷했다. 그런데 고대사회의 유대인 여성이 결혼하여 가계계승에 필요한 아들을 낳지 못한 상태에서 남편이 죽으면 어떻게 되었을까? 유대인들의 논리는 여성이 한 번 시집가면 시가의 귀신이 되도록 살아야 한다는 점에서 유교문화권과 유사했지만, 한편 다른 점도 있었다.

동양에서는 한 여인이 두 명 이상의 남성을 상대할 수 없다는 원칙하에 대다수 미망인들은 다른 남성과 접촉하지 않고 살아갔다. 그러나 유대인들은 달랐다. 그들은 아들을 낳지 못한 상태에서 남편이 죽었을 때 남편의 남동생 중 미혼인 자가 있으면 그와 다시 혼인하여 살아야 했다. 간음을 금기했던 고대사회 유대인들이기에 그런 풍습이 존재했던 것인데, 중국의 『삼국지 위지 동이전』(三國志 魏志 東夷傳) 내 부여(夫餘)조를 살펴보면, 이는 우리 문화권의 부여에서도 존재했다. 그 풍습을 인류학에서는 '레비레이트'(levirate)13)라 한다. 이 표현은 미혼남자의 입장에서 형이 죽으면 형수와 결혼하여 살아간다는 의미이므로 '형사취수'라 번역되었는데, 이 번역도 역시 남성 입장을 반영한 것이다. 그런데 만약 형수와 결혼한 남성이 또다시 죽으면 어떻게 되었을까? 형의 경우와 마찬가지로 또 다른 미혼의 시동생이 형수와 결혼해 살아갔다.

유대인 여성은 한 번 시집가면 시동생들이 있는 한 시가의 가계계승을 위한 의무가 전혀 사라지지 않았다. 그런데 만약 형수와 결혼하여 아들을 낳으면 누구의 아들이 되는가? 이에 대한 관점도 동양과 사뭇 다르다. 동양에서는 큰아들이 아들이 없는 상태에서 죽으면 둘째가 장자노릇을 하지만, 유대인들에게는 죽은 장자가 영원히 사라진 것이 아니었다. 때문에 동생이 형수와 결혼하여 아들을 생산했더라도 그 아들은 동생의 아들이 아니라 호적에는 죽은 장자의 아들로 기입되어 가계계승과 재산상속의 우선권이 주어졌다.

물론 유대인 여성이 아들생산을 하지 못한 채로 미망인이 되었더라도 시동생과 결혼을 하지 않고 시댁과 결별할 수 있는 제도는 존재했었다. 미망인은 시동생의 발에서 신발을 벗기고 땅에 침을 뱉는 할리짜(halitza)[14]라는 의식을 거행할 경우 시댁으로부터 자유로워질 수 있었다. 그렇지만 그와 같은 의식은 그들의 사회에서 매우 수치스러운 행위로 여겨졌고, 그녀를 천민으로 취급해버렸기 때문에 이를 시도하는 여성이 많지는 않았다.

그러나 할리짜 풍습은 후에 미망인이 된 형수가 시도하는 의식이 아니라 시동생인 남성이 시도하는 형태로 변질되었다. 즉, 시동생이 형수와 결혼하기 싫다고 말하면 형수는 마을 입구에 모여 있는 장로들을 찾아가 이를 고해야 했다. 장로들이 시동생을 소환하여 형수와 결혼하지 않을 것인가를 묻고 이를 확인한 후에 형수가 시동생의 신발을 벗기고 시동생의 얼굴에 침을 뱉으면, 시동생은 형수와 결혼하지 않아도 되었다.

서구 기독교 문화권 2

유대교 및 기독교에서는 여성에 대한 차별이 이미 아담과 이브의 시절, 즉 태초부터 존재했다고 기정 사실화시켰던 것으로 여겨진다. 또 종족보존과 상관없이 여성의 성욕이 쾌락을 위해 표출되는 행위를 타락으로 설명하면서 자연스럽게 남녀의 가치를 차별화하였다. 물론 이러한 차별의식이나 개념은 고대 유대사회로부터 정립되어 왔었지만, 근대 기독교에서의 여성 비하는 특히 사도 바울과 아우구스티누스(Augustine, 354~430)이 부각시켜 놓았던 유산이다.[15]

사도 바울의 가르침에 의하면, 여성은 성행위를 비롯한 모든 일상생활에서 남성에게 복종해야 한다. 아우구스티누스는 그러한 가르침을 몇 세기 후에 다시 정리했던 인물이다. 그들의 논리에 의하여 기독교가 로마의 공식종교로 인정받았을 시기인 4세기경부터, 서구사회에서는 이브가 아담을 유혹했기에 여성은 남성을 유혹하여 죄를 짓게 할 수 있는 존재로 평가되었다.

흔히 5세기 말부터 13세기 말까지를 중세의 암흑기라 한다. 성욕과 관련시켜 이를 설명하면, 이때는 종족보존을 위해서만 성행위를 해야 한다고 강조했던 시기에 해당된다. 아우구스티누스 이후 수세기 만에 기독교 성윤리를 반복하여 강조한 사람이 나타났는데, 바로 아퀴나스(St. Thomas Aquinas, 1225~1274)이다.[16] 그러나 이러한 기독교 윤리는 곧바로 도전을 받았다. 전술했듯이 종족보존의 중요성을 너무 심하게 강조하면 어떤 결과를 초래하는가? 시간이 갈수록 사람들은 그러한 억압에서 탈출하려는 욕구가 커져 오히려 종족보존에 대한 관심이 줄어들면서 쾌락추구에 빠져들게 된다.

결국 14세기부터 16세기까지의 문예부흥기(Renaissance)에는 지난 수백 년 동안의 성적 억압에 대한 반발로 오로지 쾌락을 위해 성욕이 발산되었다. 그 모습에 분개한 지배계층, 즉 기독교 지도자들은 이를 신의 명령에 도전하는 성적 타락으로 규정했고, 기독교 논리를 재정비하기 위하여 쾌락을 추구하는 여성들을 심하게 박해했다. 남자들이 자기 여자들의 성을 통제할 수 있도록 15세기 이래로는 정조대가 유행하기도 했다.

그러나 여러 남성들과 성행위를 했다고 판단된 당시의 상당수 유럽 여성들은 악마의 탈을 썼다는 마녀로 취급받아 처형되었다. 이를 역사에서는 '마녀사냥'[17]이라 한다. "모든 여성들이 이브처럼 절제할 줄 모르는 유혹자일지도 모른다" "그런 여성들의 생식기는 남성의 생식기를 물어 상처를 내므로 경계해야 한다"는 등의 잘못된 믿음도 바로 이때 생겨났다. 이러한 믿음이 지나쳐 병적으로 악마와 성교를 한다는 착각에 빠지거나, 악마와의 성행위를 원하는 남성들도 생겨났다. 그 이유는 발기부전과 같은 문제를 지닌 남성들이 그 원인을 마녀의 농간으로 보고, 마녀를 이겨내야 자신의 발기부전 문제가 해결된다고 생각했기 때문이다.

기독교 논리를 앞세워 통치하던 유럽 국가들은 국력 신장을 위해 앞을 다투어 해외로 진출했다. 소위 식민지를 개척한 것이다. 예를 들면 19세기의 영국은 지구 도처에 식민지를 건설하면서 해가 저물지 않는 나라임을 자랑하면서 스스로를 대영제국이라 칭했다. 1837년 18세에 즉위하여 거의 64년 정도 통치했던[18] 빅토리아(Victoria) 여왕은 스승이나 대신들의 가르침에 따라서 아브라함 시대로부터 전해왔던 종족보존의 중요성을 믿었다.

그동안 서구의 과학자, 특히 의학자들은 남성들이 쾌락을 추구하게 되면 정신건강이나 신체건강을 해치게 되므로 조심하도록 경고하는 논문이나 책자를 수차례 발간했고, 남성이 쾌락추구의 상태로 빠져드는 것 역시 여성이 유혹하기 때문이라는 식의 논리를 전개했다. 때문에 여왕은 영국이 세계의 군사 및 도덕적 리더로 군림하기 위해서는 국민들이 건강해야 하고, 그 건강을 위해서는 성행위도 신의 명령에 따라 종족보존을 위해서만 이루어져야 한다고 믿어버린 것이다.

그러다 보니 기혼남성에게는 자신이나 부인의 건강을 위해, 더 나아가 대영제국의 번영을 위해 아이를 낳을 목적에서는 부부관계를 할 수 있으나, 그렇더라도 월 1회 이상 성교를 해서는 안 된다는 금욕을 강조했다. 또 청소년들이나 여성들에게는 성에 대해서 무조건 '알아서는 안 되는 나쁜 것'이라고 가르쳤다. 여왕 자신도 19세에 사촌오빠인 앨버트(Albert)와 결혼해 21년 후 남편과 사별할 때까지 종족보존을 위한 생활을 하며 자녀를 아홉 명이나 출산했다.

여왕이 즉위하여 20년째이던 1857년에는 성적 묘사가 노골적으로 된 책들을 모두 외설로 규정하고 단속했다. 세익스피어 작품은 물론 기독교 성경구절도 검열 대상이 되었는데, 외설적이라고 판명된 내용은 삭제나 수정했다. 또한 남자들은 '쾌락추구를 위해 성욕이 발산되어서는 안 된다'고 가르쳐주면 잘 따를 수 있으나, 여자는 그렇지 못할 가능성이 높은 존재로 구별시켰다. 여자는 '아담을 유혹한 이브'에 해당되는 자들이므로 남성이 아무리 자제하려고 해도 여성이 성적으로 유혹하면 넘어갈 수밖에 없다는 논리를 토대로 특히 여자들에게 남자를 유혹하지 않도록 어려서부터 가르치기도 했다.

때문에 여성은 다리나 엉덩이 부위를 남성에게 보이지 않도록 해야 했다. 요즈음처럼 바지를 입는 것은 불가능했고, 치마도 다리가 보이지 않도록 길게 또 엉덩이 크기를 짐작할 수 없도록 평퍼짐한 상태로 만들어 입어야 남성을 유혹하지 않는 정숙한 여성이었다.

정숙함을 너무 심하게 강조하다보니 집에서도 피아노나 식탁 등 집안의 가구들도 다리가 보이지 않도록 큰 보자기로 덮어두어야 했다. 그 이유는 남성들이 식탁의 다리를 보면서 여자의 다리를 연상하게 되는데, 이는 성욕이 종족보존과 상관없이 발산하도록 하는 유혹에 해당되는 것이기 때문이었다. 혹시라도 식사에 초대받은 남자손님의 식탁에 가슴이나 다리 부분임을 알 수 있는 고기요리를 내놓았다면 이것도 역시 그 손님을 유혹에 빠뜨려 죄를 짓게 하는 행위로 해석했다. 심지어 병원을 찾아간 여자 환자도 남자 의사에게는 옷도 벗지 않고 진찰을 받았는데, 의사는 여자 환자 대신 마네킹을 동원하여 아픈 부위를 가리키도록 하면서 진찰했다.

이러한 분위기에서 살아간 유럽의 기독교 문화권 여성들은 성적 욕구좌절을 매우 심하게 경험할 수밖에 없었다. 물론 저소득층 여성들은 정숙함을 강조하는 딱딱한 기준과 상관없이 살아갔으므로 모든 여성들이 욕구좌절을 경험했다고 할 수는 없지만, 중산층 여성들은 어려서부터 성적 충동을 죄의식이나 수치와 연관시켜 억제해왔다.

그래서 빅토리아 왕조 시대에는 중산층 여성들 중 상당수가 창문 밖으로 하인의 모습이 보이면 가슴이 두근거릴 정도의 신경증을 앓았고, 이 시기에 오스트리아의 프로이드(Freud)는 정신과의사로 활약하며 그런 환자들을 수없이 만났다. 만약 그러한 시대 여건이 갖춰지지 않았더라면 프로이드도 자신의 성욕발달이론(psycho-sexual developmental theory)을 만들어내기 어려웠을 것이다.

빅토리아 왕조 시대의 여성에 대한 차별은 중세 암흑기에 버금갔지만, 어느 측면에서 보면 그보다 더 심했다. 중세에는 여성이 남성을 성적으로 유혹하여 죄를 짓게 하는 존재로 여겨졌지만, 빅토리아 왕조 시대에는 여성을 아예 성욕이 없는 존재(asexual being)로 규정해버렸다.

그럼에도 불구하고 일부 여성, 특히 저소득층 여성들이 종족보존과 무관하게 성욕을 발산하자, 여성을 정숙한 여성과 그렇지 못한 여성으로 이분해버렸다. 전자는 성욕하고는 거리가 먼, 자애로움으로 충만한 어머니나 아내, 그리고 성숙한 딸을 의미하고, 후자는 욕정으로만 가득 찬 창녀를 의미했다. 이러한 상황에서 상당수 남성들은 술집이나 거리의 여성들과의 불법적인 관계를 통해 성욕을 발산했을 뿐만 아니라 집에서는 아내와 형식적 차원의 성관계를 하면서 살았다. 이러한 서구 문화의 흔적은 적어도 20세기 중반까지 남아 있었다. 흔히 여성을 창녀와 정숙한 여성으로 이분시키는 데 집착하는 이런 현상을 '마돈나(Madonna) 증후군'이라 한다.

그렇다면 기독교문화권에서는 여성에게만 성욕의 발산을 제한했는가? 그렇지 않았다. 청소년 남자들에게도 여성과 비슷한 차원의 제한을 했기 때문이다. 차이점이 있다면 이들에게는 차별이 아닌 보호 차원의 제한이었다는 점이다. 성적으로 성숙하기 시작하는 청소년 시기에 청소년 남자들은 자위행위를 또래들로부터 배우거나 스스로 터득하기도 한다. 그런데 자위행위는 종족보존과 관계없이 정액을 낭비하는 것이므로 이는 곧 신의 명령을 따르지 않는 행위가 된다. 그러나 어린 청소년들에게는 종족보존이라는 신의 명령을 따르라고 가르치는 것보다 아예 자위행위가 건강에 해롭다는 논리를 습득시켜 이를 방지하는 것이 더 낫다고 판단하여 중세에는 퇴화(degeneracy)이론을 부각시켰는데, 이는 모든 질병이 정액과 같은 생명에 필수적인 액체의 상실에 기인한다고 보는 입장이었다.

이를 더 구체적으로 살펴보면, 중세에는 인간을 괴롭히는 모든 질병이 이교도들에 대한 신의 처벌이라고 가르쳤다. 그 처벌이란 악마들이 이교도들을 찾아다니면서 성교를 하거나 정액을 빼앗아가거나, 또는 자위행위나 수면 도중에 청소년 남성들이 방출한 정액을 모아서 새로운 신체를 형성하는 것을 말한다. 18세기나 19세기까지 유명한 의학자들은 이구동성으로 대부분의 질병의 기본 원인을 자위행위라고 진단했으며, 아동교육에서 아이가 함부로 성기를 만지지 않도록 해야 한다고 가르쳤다. 그래서 부모들은 자녀가 어릴 때부터 '생식기는 단순히 배설기관에 불과하며, 이를 만지면 심한 병에 걸리게 된다'고 경고했다.

부모들은 자녀가 성장할수록 자위행위와 같은 행동을 하지 않을까 더욱더 노심초사했으며, 혹시라도 그런 흔적을 찾으면 적절한 조치를 취하여 자녀의 건강을 유지하려고 노력했다. 예를 들어 성기가 민감해지지 않도록 하기 위해 뜨거운 다리미 등으로 지져버리거나 저녁에는 장갑을 끼운 채로 손을 이불 바깥에 내놓고 자도록 한다든지, 손을 묶어둔다든지, 또는 자고 있는 자녀의 성기가 발기되는 순간 종이 울리도록 고안된 정조대와 비슷한 기구를 착용하고 자도록 했다. 심지어 19세기 중반에서 후반 무렵에는 수면 도중의 발기를 억제시키기 위해 성기에 강철 고리를 씌웠는데, 발기할 경우 고리 안에 박혀 있는 조그마한 침들이 성기를 찌르도록 되어 있었다.

당시 기독교 문화권의 유럽인들은 자위행위 방지를 위한 다양한 방안을 강구하였는데, 19세기 중반에 채택된 운동요법도 그중 하나였다. 그 예로 중·고등학교의 남학생 기숙사에서는 매일 취침 전 학생들에게 운동장을 몇 바퀴 돌게 한 후 뜨거운

욕탕에 들어가 심신을 피곤하게 만들었다. 또 산업화 물결로 인해 성인들의 향락문화가 발달하자 아예 스포츠를 활성화시켜 청소년들의 관심을 운동으로 돌려 에너지를 소진하도록 했다. 그와 같은 맥락에서 쿠베르탱 남작을 비롯한 일부 지도자 계층이 고대 아테네의 올림픽을 19세기 말에 부활시켰는데, 이는 스포츠 경기가 청소년들의 성적 관심을 줄여 자위행위와 거리가 먼 건강한 삶을 가져다준다는 믿음에서 비롯되었다.

동양 문화권

기독교가 전래되기 전 우리 문화권은 불교와 유교, 도교 등의 영향을 받아 왔다. 기원전 6세기 네팔에서 시작된 불교는 중국이나 한국, 일본 등에 전래되면서 여러 종파로 나누어졌다. 우리나라에 전래된 불교사상은 초창기 원리가 그대로 유지된, 금욕을 강조하는 것이었다. 그래서 쾌락을 추구하는 성행위 등을 비롯한 여타의 성적 접촉이 열반의 경지에 도달하는 데 방해가 되는 것으로 간주해 억압했다. 그렇지만 누구나 열반의 경지에 도달할 수 있다고 가르친 것으로 보아 여성에 대한 차별은 거의 없었다고 볼 수 있다.

유교는 어떤 입장이었는가? 먼저 남녀관계를 바라보는 입장을 살펴보면, 유교에서는 초창기부터 기독교와 크게 다르지 않았다. 고대 철학자들이 여성을 남성에 비해 완전하지 못한 존재라고 설명했듯이, 공자도 도량에서 차이가 있다고 보아 남자를 대인에, 여자를 소인에 비유했다. 공자는 자신이 남자로 태어난 것을 천만다행이라고 스스로 언급했을 정도로 여성의 입장을 비하시켰다.19) 우리 문화권에서는 조선 시대 들어 유교가 국시로 채택되면서 여성에 대한 차별이 매우 심해졌는데, 시대적인 변화와 함께 20세기 후반에 들어와서부터 그러한 차별의식이 조금씩 줄어들고 있는 상황이다.

한편 성욕을 바라보는 유교의 입장에서는 어떤 변화가 있었는가? 초창기 유교사상은 성욕 표출을 그다지 부정적으로 바라보지 않았다. 그러나 지난 10세기 동안 중국에서의 유교는 성욕의 표출 자체를 부정적으로 이해하는 입장으로 바뀌었다. 특히 17세기 중엽부터 20세기 초반까지의 만주 청조 시대에는 금욕주의 유교 전통에 따라 성을 제한했다. 그러한 이유로 기생을 제외한 모든 사람에게 혼전성교를 금했으며, 기혼자의 성행위도 원칙적으로 자녀의 생산을 목적으로 할 때에만 하도록 했다.

유교에서의 성욕 억압은 여자에게만 해당되었지, 남자에게는 '주색잡기에 능해야 군자'라는 소위 군자문화 때문에 그렇지 않았다. 남자는 여자와 달리 술도 잘 마셔야 하고, 여자도 많이 상대해야 하며, 잡다한 기술이 있어야 진정한 군자라고 취급했었기에 젊은 시절부터 성욕을 발산하고 살아갈 수 있었다. 이러한 문화적 유산은 아직도 사라지지 않았다. 예를 들어 남성들이 술을 많이 마실수록, 독한 술을 잘 마실수록, 여성들과의 성관계를 많이 경험했을수록 영웅처럼 이해하려는 것이 바로 그 흔적이다.

　도교는 어떤 식으로 영향을 미치고 있는가? 도교에서는 우주만물의 이치를 음양의 원리로 설명하면서, 개인의 건강 유지와 장수를 위한 음양의 균형을 강조했다. 이런 입장에 의하면, 도교에서는 금욕에 초점을 맞춘 것처럼 보인다. 그러나 음양의 조화를 도(道)라고 가르쳤던 도교 원리를 잘 살펴보면, 남녀간의 성행위로 자녀가 생산되거나 쾌락을 얻는 것도 모두 도라 할 수 있다. 즉, 도교에서는 성욕을 단순히 억제했던 게 아니라 오히려 이를 어떻게 발산시켜 즐길 수 있는가를 가르쳤던 것이다. 그러나 남성이 사정을 너무 자주 하면 에너지가 고갈되므로 장수와 불멸을 위해 성행위 과정에서 사정을 하지 않고 여성을 상대하도록 훈련시켰다.

　그러한 훈련방법으로는 명상이나 호흡, 고행 등이 유행했는데, 이들은 고대 페르시아를 거쳐서 인두의 힌두교 및 중국의 도교에 전해진 방법들이었다. 곧 훈련이 잘 된 남성의 경우 성교를 하더라도 전혀 사정을 하지 않고도 여러 명의 여성을 오르가즘에 이르게 할 수 있다는 논리를 폈다. 도교에서는 사정을 하지 않고서도 발기상태가 오랫동안 유지되어 성교를 지속시킬 수 있는 남성을 도교의 스승이라는 뜻으로 도사(道師)[20]라고 불렀다.

　그러나 아무리 훈련하더라도 성교에서 남성이 사정을 억제하는 것이 쉽지 않자, 보다 더 현실적으로 '10회의 성행위에서 2~3차례만 사정을 하면 된다'는 식으로 도사의 인정 기준을 약간 완화시켰다. 물론 사정을 억제시키는 도사의 기준을 현대의학의 관점에서 보면 오히려 건강을 해치는 것으로 보이지만, 요즈음도 그와 같은 과거의 사고방식을 믿고 있는 사람이 적지 않다.

삶의 에너지를 기(氣)라고 표현한 도교 논리에 의하면, 나이가 들면 자연적으로 기가 약해지므로 건강과 장수를 위해 기를 보충할 필요가 있다고 한다. 음의 기가 부족할 때에는 양으로부터 기를 보충해야 하고, 반대로 양의 기가 부족할 때에는 음으로부터 기를 얻어야 했다. 그래서 나이가 든 여성이 기를 보충할 때에는 젊은 남성을 성적으로 상대해야 하고, 나이가 든 남성은 자기보다 나이가 어린 여성과 성관계를 가지면서 기를 보충해야 건강과 장수를 누릴 수 있다는 논리였다. 이와 반대로 자기보다 연상인 여성을 상대하는 남성은 상대방으로부터 기를 얻어올 가능성은 별로 없고, 그 대신 상대방에게 기를 빼앗길 가능성이 높으므로 건강을 유지하여 조심하도록 했다. 젊은 여성도 마찬가지로 연상의 남성을 조심해야 했다.

초창기의 도교 전통은 남녀 모두에게 성행위에서의 쾌락을 최대한 향유하라고 가르쳤다. 그렇지만 쾌락을 위한 남녀 상호간의 관심은 오랫동안 지속되지 못하고 기원전 3세기 한(漢)조에 이르러 도교 훈련은 남성이 쾌락이나 불로장생을 위해 사춘기에 접어든 어린 여자 혹은 여러 여성과 성교를 해야 한다는 식으로 변질되었다.

결국 '남성이 젊은 여성과의 관계에서 음기를 빼앗으면 양기가 강해져 장수할 수 있다'고 가르쳤지만, '여성이 젊은 남성과의 관계에서 양기를 빼앗으면 음기가 강해져 건강해진다'는 논리는 전개하지 않았던 것이다. 후자의 경우는 역으로 '남성이 나이 든 여성과 성교를 하면 자신의 정기를 빼앗겨 쇠약해지므로 조심해야 한다' 등 남성 위주로 표현했다. 그러한 영향 탓인지 아직도 양기 보충이라는 뜻의 '보양'이라는 말은 쉽게 들어볼 수 있지만, 음기를 보충한다는 '보음'이라는 표현은 거의 듣기 어렵다. 음기를 보충해야 하는 여성들의 입장까지도 '보양'이라고 일컫기 때문이다.

근대의 성차별주의

근대 사회와 성차별주의

남성 위주의 사회 문화적 풍토에서 성차별주의(sexism)란 남성이 여성을 수준이나 능력, 가치 등이 더 낮은 존재로 여기는 것을 말한다. 과거의 성차별주의가 여성의 신체적 특성이나 지적 수준이 모두 남성보다 더 낮은 상태로 태어난다고 생각해 여성을 부당히 취급했던 것이었다면, 근대적 성차별주의는 남성들이 여성을 이해할 때 전보다 남성에 더 가까운 존재로 인식할 뿐, 아직도 남성과 동등하다고는 보지 않음을 말한다. 전반적으로 20세기 후반에 들어서부터는 남녀평등, 인권, 언론자유 등 여러 가지 사회적 변화가 다른 어느 시기보다도 컸고, 그로 인해 범세계적으로 성에 대한 억압적 태도가 수그러지면서 남녀의 능력이나 역할 등 제반 특성의 구분 등도 재조명되고 있다.

예를 들면, 최소 20세기 초반까지만 해도 서구 기독교 문화권에서는 남성은 여성보다 성욕이 더 강하며, 성적 자극수준이 낮아도 더 쉽게 반응하고, 성적 쾌락을 더 추구한다고 믿었던 반면, 여성은 성적 관심이 별로 없을 뿐 아니라 남성이 이끌어줄 때 수동적으로나 반응하는 존재라 여겨졌다. 그러나 20세기 중반 이후에 들어와서는 여성도 상황에 따라서 남성과 다르지 않게 성적 반응을 할 수 있는 존재라고 이해되기 시작했고, 근래에 오면서 여러 연구들은 남녀의 성욕이나 반응 수준 등이 전혀 다르지 않음을 확인해주었다.

인종차별주의(racism)나 연령차별주의(ageism)와 매우 유사한 특성을 보인 성차별주의는 성행동의 본질을 왜곡시키는 기능을 한다. 그 예로 강간의 발생에서 희생자와 가해자의 입장을 보자. 성차별을 당연히 여기는 사회에서 강간을 당한 희생자는 주변 사람들의 손가락질 때문에 피해 사실을 숨기고 살아가야 하지만, 성차별이 존재하지 않는 사회에서는 그렇지 않다. 지난 수십 세기 동안 존재해온 성차별주의는 사회·문화적 편견 속에서 싹튼 것이지만, 어느 시대에서나 사회제도는 인간의 행동이나 태도를 변화시키는 중요한 요소였기 때문에 사회제도의 새로운 틀 속에서 그 변화를 기대해볼 수 있다.

근래 성차별주의 사고방식에서 파생된 가장 대표적 사회문제는 성폭력(sexual aggression)과 성희롱(sexual harassment)이다. 성폭력과 성희롱 개념은 서로 관련성이 높아서 이들을 정의할 때에는 성희롱을 성폭력의 일종으로, 또는 성폭력을 성희롱의 한 부분으로 여기기도 한다. 성폭력의 가장 보편적인 형태는 여성을 상대로 하는 남성의 강간이지만, 이 장에서는 강간에 대한 설명을 짧게 하는 대신 성희롱에 대해 좀더 상세하게 언급하고자 한다.

강간의 대부분은 서로 안면이 있는 사람들 간에 발생하고 있는데, 그 동기나 원인은 남녀로 구분된 역할을 여성에 대한 사회적 차별로 인식하는 태도에 있다. 이를 역으로 말하면, 강간 발생은 성차별주의 사고방식의 불식을 통해 예방이 가능하다 할 수 있겠다.

이제 성희롱이 무엇인가를 보자. 이 개념은 원래 직장(job, work)의 장면에서 발생한 것이지만, 현재는 조직(organization) 장면으로 확대되었다. 전통적으로 바깥에서 양식을 구하는, 즉 돈벌이를 하는 세상은 남자들의 영역이었다. 여성들이 남성들처럼 직장생활을 하게 된 것은 산업사회로 변모하기 시작한 이후부터의 일이다. 그렇지만 여성이 직장생활을 한다고 해서 남성처럼 돈벌이를 할 수 있는 상황은 아니었다. 산업화 초기나 중기 무렵 직장생활을 하는 여성들이 어떤 존재였는가를 생각해 보라. 어느 조직에서나 조직의 리더는 남성이었고, 여성은 활력을 가져다주는 등 남성의 업무를 보조하는 역할을 담당했다.

'직장여성이 남성들에게 활력을 준다'는 말 안에는 직장여성들이 자신의 성욕을 해소시킬 수 있는 대상이 될 수도 있을 것이라 여기는 남성들의 사고방식이 내재되어 있다. 그래서 직장여성은 미혼의 상태여야 하고, 직장생활을 하다가 결혼 일정이 잡히면 직장생활을 하던 여성이나 그녀를 바라보는 사람들이 모두 이제 그녀가 직장을 그만두어야 하는 것으로 이해했다. 여성의 주인이 정해져버리면 더 이상 성욕 해소의 상대로 보는 것이 어려워지기 때문이었다.

성희롱과 성역할

성희롱이란 이성의 존재가치나 능력 등이 자신의 성보다 낮다는 사고방식에서 비롯된 모든 행위를 뜻하지만, 그 기본 특성을 보다 더 확실하게 이해하기 위해 성희롱 발생 상황을 극단적으로 설정한 다음 예들을 살펴보자.

여자 직원이 회사에 갓 들어오면 여러 남성들은 그녀에게 관심을 가지고 접근한다. 남자들이 가지는 관심의 정도는 자신의 결혼 여부와 상관없이 비슷하다. 기혼 남성도 미혼 남성처럼 그녀에게 열심히 접근하는데, 그 이유는 그녀가 자신의 스트레스 해소상대가 되어줄지도 모른다고 보기 때문이다.

여자가 자기에 대한 호의를 가지는지의 여부에 관계없이 남성은 막무가내로 그녀에게 접근한다. 접근하는 전략은 거의 유사하다. 소위 '열 번 찍어 안 넘어가는 나무 없다'는 자세인 것이다. 그러다 보면 그녀는 한 남성과 가까운 관계를 유지하게 된다. 그녀가 처음부터 전혀 호감을 갖지 못했던 남자라도 그의 적극적 공세로 두 사람은 가까워질 수 있다.

여직원과 가까워진 남성이 미혼이라면 두 사람의 연애는 결혼을 약속하는 형태로 발전하기도 한다. 약혼 후 결혼을 몇 달 남기고 서로 최선의 방안을 찾다가 동거생활을 시작할 수도 있다. 그러나 두 사람이 결혼식을 앞두고 서로가 마음에 들지 않는 점들을 발견하여 곧바로 파혼을 결정해버리는 경우도 있는데, 이 상황을 생각해보자.

만약 동거까지 한 상태에서 갈라선다면 두 사람 모두 큰 상처를 입게 되어 직장생활을 비롯하여 일상생활의 적응이 쉽지 않을 것이다. 시간이 흘러갈수록 파혼 후 직장생활의 적응에서 남녀의 차이는 커진다. 남자는 오래되지 않아 파혼의 아픔을 잊고 직장생활을 하고, 또 기회가 생기면 다른 여성과도 가까운 관계를 형성한다.

그에 비해 여성은 좀 다르다. 파혼의 아픔으로부터 스스로 벗어나기 위해 노력해도 주변사람들이 그대로 두질 않는다. 전에는 그녀에게도 관심을 두지 않았던 사람들도 그녀가 나타나면 "저 여자인가?" 하면서 그녀의 과거와 최근의 신상변화에 대하여 소곤거린다. 그녀는 주변사람들의 눈초리를 의식하지 않으려고 애를 써도 자신을 이상한 여자로 취급하는 소문이나 이야기가 끊이지 않음을 느낀다.

결국 그녀는 직장에서도 자신의 능력을 백 퍼센트 발휘하지 못할 뿐 아니라 오히려 사람들이 자신의 이야기를 하지 않는지에 신경을 쓰는 등 위축된 생활을 하게 된다. 직장을 그만 두어버리는 경우도 있다. 반면에 그녀와 헤어졌던 남자는 버 젓이 다른 여자를 사귀고, 아무런 일이 없었던 듯이 직장생활 도 그런 대로 잘 하고 살아간다.

만약 직장여성에게 관심을 가졌던 남성이 기혼자라면 어떠 한가? 두 사람의 관계를 본인들도 불륜이라고 생각하고 다른 사람들도 마찬가지이다. 여성이 원해서 그들의 관계가 시작된 것은 아니었지만, 남성의 집요한 관심 때문에 시간이 흐를수 록 여성은 그와 가까워지게 된다. 미혼자와 달리 기혼 남성은 여성에게 접근할 때 훨씬 더 신사답게 잘 대해주므로 여성도 "이래서는 안 되지!" 하면서도 그에게 빠져버린다. 서로 가까 워진 그들의 관계는 미혼남녀처럼 성행위를 스스럼없이 나누 는 관계로까지 발전하지만, 그것이 영원히 지속되지는 않는다.

그럼 그들의 관계는 언제 끝나는가? 거의 대부분 임신을 알 아차리는 순간이다. 여성은 임신을 할 때까지 남자와의 관계 가 불륜임을 알더라도 혹시 남자가 자신의 임신을 알면 부인 과 이혼하고 자신과 재혼할 것이라고도 믿는다. 그런데 실상 남자는 그 순간 '이 여자를 더 이상 만나서는 안 되겠구나!' 하 고 귀찮은 존재로 생각해버릴 가능성이 크다. 부인이나 가족 을 버릴 각오로 그녀와 사귀었던 게 아니라 즐기기 위해 그녀 에게 접근했기 때문이다.

결국 그녀는 직장생활을 하면서 알게 된 남자로부터 피해를 본 셈이다. 억울하게 생각해서 남에게 얘기해도 아무도 자기편을 들어주지 않는다. 기혼 남성과 사귀는 것 자체가 현명하지 못했다고 보기 때문이다. 그런 경험을 한 여성은 대부분 직장생활이 더 이상 힘들어 떠나게 되며, 다른 직장을 찾아도 후유증이 커서 적응을 잘 할 수 없게 된다.

남성의 결혼여부와 관계없이 직장생활을 하다가 남자와 사귀다가 헤어진 여성이 자신의 억울한 입장을 가까운 사람들에게 아무리 호소해도 소용없다. 다른 사람들은 남들의 복잡한 문제, 특히 남녀문제에 쉽사리 끼어들려고 하지 않기 때문이다. 여자의 억울함을 이해해주더라도 너무나도 개인적인 문제로밖에 보이지 않기 때문에 다른 사람들은 그녀의 문제에 대한 해결방안을 찾아주지 못한다.

앞에서 든 예들이 극단적이라고 표현했지만, 실제 그보다 더 심한 경우도 많았다. 그럼에도 불구하고 직장에서 불이익을 받았던 여성의 입장은 1970년대 말 전까지는 관심을 받지 못했다. 1970년대 말 미국 법원에서는 한 여성이 직장에서 알게 된 남자와의 관계로 억울함을 호소했을 때 그것을 개인의 문제가 아닌 사회문제로 봐야 한다고 판결했다. 그것은 남성들의 능력을 발휘하도록 짜여져 있는 바깥세상, 여성들의 능력이나 의지를 무시한 채로 짜여진 틀을 사회 문제로 보았던 판결이었다.

사실 여성은 본인이 원하지 않았음에도 불구하고 직장상사인 남자를 만나주어야 했고, 함께 식사를 해주어야 했으며, 그러다가 데이트 상대나 애인 등으로 발전하게 되었다. 여성이 싫어도 집요하게 만나주기를 원하는 상사를 거절하지 못하다가 종말이 좋지 않았다면 여성은 남성 위주로 틀이 짜여진 사회에서 희생을 당한 것으로 볼 수 있다. 여기에서 희생의 주된 의미는 신체적인 손상이 아니라 사회에 진출하여 자신의 포부를 제대로 펼치지 못하게 됨을 뜻한다. 1980년대 초반부터는 이러한 상황에 성희롱(sexual harassment) 개념을 적용시켜 설명하고 있다.

희롱이라고 번역한 영문의 'harassment'는 원래 '귀신처럼 붙어 다니면서 귀찮게 한다'는 의미를 지닌 'harass'의 명사형이다. 이를 우리나라말로 '희롱'이라 번역하는 것이 본래 용어가 가진 의미를 제대로 전달하는가를 따져볼 겨를도 없이 이 표현은 이미 사회적으로 인정하고 있는 용어로 발전했다. 성희롱에서 희롱은 단순히 '가지고 논다'는 의미가 아니라 조직 장면에서 한쪽 성별이 반대쪽 성별의 상대자를 정말 힘들게 한다는 'harassment'의 의미로 보아야 한다.

함께 일하는 조직 장면에서 자신을 힘들게 하는 사람이 있을 때에는 자기 능력을 발휘하기가 어렵다. 흔히 어려움을 당한 사람을 약자라고 하는데, 남성 위주의 풍토 속에서는 여성이 대부분의 약자가 된다. 곧 남성 위주의 풍토가 사라지지 않으면 여성 개개인의 손해는 물론 여성 전체가 능력을 발휘하지 못하므로 사회적 손실이 발생한다. 이에 미국을 비롯한 서구사회에서는 1980년대에 들어오자마자 어떠한 조직이든지 의무적으로 그 같은 불이익을 받는 사람이 생기지 않도록 제도적인 정비를 마련하기 위해 노력했다.

회사에서는 사칙, 학교에서는 교칙 또는 그에 준하는 규칙 등을 의무적으로 정비하여 불미스러운 남녀관계의 발생으로 인해 약자가 피해를 당하지 않도록 했다. 승진이나 근무조건 등을 이유로 부하 직원에게 성적 행위를 요구하는 것, 학업성적이나 졸업 등을 이유로 교직원이 학생에게 성적 행위를 요구하는 것 등을 원천적으로 봉쇄해야 여성이 학교에서나 직장에서 남성처럼 자신의 능력을 발휘할 수 있다고 판단했기 때문이다.

최소한 1990년대 초·중반까지 우리나라 사람들에게는 성희롱이라는 개념이 매우 어색했다. 1980년대 후반에서 1990년대 초반만 해도 외국의 성희롱에 관한 재판이나 청문회 내용 등은 해외토픽으로나 전달되고 있었다. 뉴스를 접한 대부분의 사람들은 "참, 이상한 동네가 있네! 저런 걸 가지고 얘기하고 있다니!" 하면서 남의 일이라고 일축해버렸다. 그런데 불과 몇 년 전부터 성희롱은 더 이상 해외토픽이 아닌 우리의 현실로 부각되었다.

우리도 법적으로 1999년도부터 성희롱에 관한 문제를 다루기 시작했고, 많은 사람들이 그런 문제가 사라져야 한다는 데 동의하고 있다. 성희롱과 같은 문제가 사라지거나 줄어들게 하기 위해서는 전통사회로부터 물려받았던 남성 중심의 사고방식에서 양성평등의 사고방식으로의 전환이 필수적이다. 누구나 살아가는 동안 차별을 받지 않고 살아가고 싶어 한다. 어떠한 신분 상태로 태어났든지 사람은 자신의 능력을 발휘하고 살아갈 수 있어야 하는데, 그 기본은 바로 성별에 따른 차별을 없애주는 것이다.

이러한 맥락에서 우리나라에서는 1990년대 말부터 '양성평등'이라는 개념을 도입했다. 양성평등을 쉽게 표현하자면 남녀평등이라고 할 수 있지만, 남녀평등이라는 단어가 바로 남성 위주의 냄새를 버리지 못하는 예에 해당한다. 그동안 우리는 남성 위주의 사고방식에 의해 '남녀'라는 순서에 얽매여 왔지 않는가? 만약 여성 위주의 사회에서 살다가 평등을 얘기할 때는 '여남평등'이라고 해야 쉽게 이해할 수 있었을 것이다. 그래서 아예 양성평등이라고 표현해버린 것이었다.

양성평등의 사회가 도래하기 위해서는 전통사회에서의 성역할을 현대식으로 재조명해야 할 필요성이 커진다. 남성이 중심이 되었던 세상에서 모든 사람이 평등한 세상으로 바뀐 최근이나 미래에는 전통적 성역할 구분에 따른 생활이 오히려 불이익을 초래할 수도 있다. 예를 들어 전후좌우를 고려하지 않고 전통적 남성성만을 과시하는 남성이나 전통적 여성성만을 보여주다가 자신의 몫을 챙기지 못한 여성들은 모두 따돌림을 받게 된다.

이미 20세기 중반에 들어오면서 양성평등 개념을 도입했던 서구사회에서는 나이 든 여성들의 입김이 세졌다. 생의 후반기에 접어든 여성들이 목소리가 커지고 남성들의 일에 간섭하는 등 전통적 여성성 대신 남성성을 드러낸 것이다. 그러자 생의 후반기에는 성역할이 바뀌는 게 아닌가 하고 생각하는 사람들도 생겼다. 이와 같은 변화를 설명하는 이론들 중에서 분석심리학자 융(Carl Jung)의 주장을 살펴보자.

융에 의하면, 전통적 성역할 구분에 따른 남녀 특질을 누구나 출생 당시부터 모두 갖추고 있다. 그런데 어려서부터 남성성만을 개발시키고 자라서 살아가는 도중에 끊임없이 남성성만을 사용하는 남자는 생의 후반기에 그 남성성이 모두 소진되고, 그 결과 말년이 될수록 남아 있는 여성성만 나타난다. 역시 살아오면서 주로 여성성만을 개발시켜 사용했던 여성의 경우, 노인이 되어서는 남성성만이 남게 된다.

그렇기 때문에 생의 후반기에 갈수록 여성에게서 수동성이 줄어들면서 공격성이 거세어지므로 부부간의 마찰은 심해진다. 이러한 이유로 젊은 시절 자신의 부인에게 남성성을 과시했던 남편은 생의 후반기에 아내로부터 심하게 공박을 당한다. 그래서 고도로 발달한 산업사회 또는 정보사회가 된 20세기 후반부터는 미래사회에 적응하기 위해 남자에게는 남성성만을, 여자는 여성성만을 개발시켜주는 식으로 전통적 기준을 따르는 것보다는 남녀 모두에게 두 가지 특성을 모두 습득하도록 가르쳐야 한다.

전통적인 성역할 구분에 집착하여 살아가다 보면 인간관계에서 불이익을 받게 된다. 심리학자 벰(Sandra Bem)은 최근의 복잡한 사회 환경에 잘 적응하려면 오히려 전통적으로 구분된

남녀 특질을 모두 발달시킨 상태로 살아가야 한다고 주장했
다. 어떤 상황에서는 전통적인 남성성을 발휘하기도 하고, 또
다른 상황에서는 여성성을 발휘하는 등 유연성이 커야 한다는
것이다.

후천적으로 구분된 남녀 특성이 합해진 상태를 안드로지니
(androgyny)라고 부른다. 이는 그리스어로 남성(andr)과 여성
(gyne)의 합성어이다. 서로 대립적인 남녀 특성들을 모두 지닌
개인들은 전통적 성역할에 의존하지 않는 진보한 자들이라는
주장이 있다. 남성적이고 여성적인 자기개념들이 통합되어 개
인의 사고, 판단, 행동 등의 생활양식에 나타나기 때문에 그들
은 어느 상황에서나 적절하게 행동할 수 있다. 양성 기질을 지
닐 경우 친교관계 발달도 용이하고, 정신적으로도 건강하며,
또 노후에도 자신의 삶에 대해서 더 만족하고 있는 것으로 드
러났다.

성행동의 기저

이 책의 전반부에서는 성의 개념에 이어서 남성과 여성이 과연 다른가를 존재가치의 차원에서 다루었는데, 남녀의 차이가 특히 후천적 요인에 의하여 형성되었음을 강조했다. 그럼에도 불구하고 많은 학자들은 동물연구의 결과를 근거로 남녀의 차이를 생물학 요인으로도 설명하고 있다. 이에 이 장에서는 남녀 차이를 보이는 주요한 성행동의 영역 및 그 차이에 대한 이론들을 생물학적 입장 및 후천적인 입장에서 대비시키면서 살펴보고자 한다.

대부분의 하등동물들의 교미행위는 생물학적 요인으로만 설명이 가능할 정도로 기저가 단순하다. 그래서 그러한 동물들의 교미시기를 예측하는 일도 비교적 쉽다. 그 반면 사람의 성행동은 다양한 요인들의 영향을 받고 있어서 설명이나 예측이 모두 어렵다. 즉, 인간의 성행동은 생물학적 요인 이외에도 사회·문화적 요인들에 의해 좌우되는데, 개인이 어린 시절부터 경험했던 내용 등을 비롯하여 지금까지 알려지지 않은 수많은 요인들의 영향을 받는다.

인간의 성행동에 대하여 아직까지 풀리지 않은 가장 기본적인 관심사항은 생물학적 요인과 사회·문화적 요인의 상대적 중요성을 밝히는 것이다. 누구도 그 두 가지 중 하나에 의해서만 사람의 성욕이 결정된다고 주장하지 못할 정도로 두 요인의 상호작용은 중요하다.

인간의 성행동을 체계적으로 살펴보기 시작한 지난 20세기 초·중반에서 최근에 이르기까지 거의 1세기 동안 수많은 연구자들의 또 다른 관심사항은 성행동이나 성적 태도에서 남녀 차이를 밝히는 것이었다. 대다수 문화권에서 과거로부터 남녀가 다르다는 믿음이 존재해왔는데, 실제로 성욕을 비롯하여 성적 환상의 내용이나 빈도, 성적 자극에 대한 성적 흥분 수준 등에서 남녀의 차이가 드러난다.

성적 관심의 남녀 차

성적 자극에 대하여 긍정적으로 반응하는가 아니면 부정적으로 반응하는가, 또는 기분이 좋아지는가 아니면 어색하거나 혐오감이 드는가? 이는 자신이 어렸을 때나 청소년기에 그와 같거나 유사한 자극에 대한 경험이 어떠했는가에 달려 있다. 어린 시절부터 자극에 대하여 기분 좋은 경험을 하여 긍정적 반응을 보이면서 살아온 자들은 그렇지 않았던 자들에 비해 자위행위를 하더라도 만족도가 더 높고, 성적 관심도 더 높으며, 성행위 상대자의 수도 더 많고, 임신을 했더라도 성적 관심이 더 높다.

반면 부정적 반응을 보이면서 살아온 자들은 부모로부터 엄격한 환경 속에서 살아왔거나 또 그들로부터 성을 불결하고 옳지 못한 것으로 배웠을 가능성이 크다. 과거 남성 위주의 사회 문화권에서는 일반적으로 남성보다 여성이 성적 자극에 대하여 더 부정적으로 반응하였다.

물론 개인차가 적지는 않지만, 남녀 차의 일반성을 밝혀낸 수많은 연구들에 의하면 남자들은 물리적 쾌락을 여자들보다 더 중요시하는 반면, 여자들은 남자들과 달리 정서적 애착관계가 수반되지 않는 성교를 싫어하는 편이다. 또 남성은 성적 긴장의 해소를 목적으로 성행위를 추구하는 경향이 더 높은 반면, 여성은 성행위 자체보다도 정서적 친근감을 더 중요하게 여긴다. 남자가 여자보다 성적 쾌락을 추구하는 데 더 관심이 높다는 이유들은 다양한데, 그중 일부는 생물학적 요인이고, 다른 일부는 사회적 요인이고, 또 다른 일부는 복합적인 요인이다.

생물학적 요인을 살펴보면, 우선 눈에 띄는 외부 생식기 크기의 차이를 들 수 있다. 어린이들은 자신의 손을 이용하여 신체의 여러 부분에 대하여 탐색한다. 그러나 여아의 성기부위에서 음핵(clitoris)은 남아의 성기가 더 작을 뿐만 아니라 육안으로 관찰이 어려운 부위에 있다. 그래서 여아보다도 남아는 어린 시절부터 눈에 확 띄는 성기 부분을 만지면서 스스로 쾌락이라는 긍정적 보상을 더 많이 받는다.

일반적으로 남아는 6~7개월부터 성기 만지는 놀이를 시작하는데, 이는 여아보다 거의 4개월 정도 빠르게 나타난 것이다. 성기 자극에서 긍정적인 보상을 경험한 남아는 자위행위도 여아보다 더 어린 시절에 시작하게 된다. 성숙과정에서도 마찬가지인데, 남자는 보통 10~12세 사이에, 또 여자는 남자보다도 약 2~3년 늦게 성적 자극이나 흥분을 경험하기 시작한다.

청소년기에 보이는 남녀의 차이는 소위 남성호르몬의 일종인 테스토스테론(testosterone)21)과 같은 성호르몬 수준이나 생식기구조의 해부학적 차이로도 설명될 수 있다. 역시 성적으로 흥분했더라도 남아의 발기는 쉽게 눈에 띄는 데 비해 여아는 음핵의 발기나 질의 윤활 작용이 눈에 두드러지지 않아서 잘 알아차리지 못한다.

다음으로 사회적 요인을 들어보자. 대다수 부모들은 자녀들이 자신의 성기를 탐색하는 행동을 발견했을 때 이중기준(double standard)을 적용하여 아들과 딸을 서로 다르게 대했다. 예를 들어 여자아이가 그런 행동을 했을 때에는 남자아이가 했을 때보다 더 쉽게, 또 더 심하게 처벌을 받아왔다. 남자는 소변을 볼 때 해부학적 구조상 자신의 생식기를 바라볼 수도 있고 또 잡아야 한다. 그러한 이유로 부모들은 남아가 성기를 만지고 놀더라도 이를 다소 묵인해왔으며, 그 결과 남아는 자극에 대한 성적 반응에 어느 정도 익숙해져 있었다.

그와 반대로 여아가 성기를 만지거나 바닥에 엎드려 성기 부위에 자극을 가할 경우 용납하지 않는 편이었다. 여아의 행위가 성적으로 판단될 경우 부모들은 그녀의 관심을 다른 곳으로 돌리기 위해 노력한다. 결국 여아는 남아에 비해 성에 대한 감각을 발달시키기가 더 어려웠다. 사회적으로 존재하는 이중기준 때문에 아직도 여자는 사춘기에 접어들어 남자보다 성에 대한 관심을 보이지 않으려고 더 노력한다. 그 결과 초경을 맞이한 여아는 어른이 되었다는 뿌듯함이나 자긍심보다도 이제부터는 어쩔 수 없이 성기 부위에 관심을 가져야 한다는 부담이나 혐오감을 경험한다. 또 남자는 첫 성교에서 약간 당황하더라도 쾌감을 얻는 반면, 여자는 첫 성교에서 오르가즘을 거의 느끼지 못한다.

성에 대한 죄의식을 연구한 보고서들에 의하면, 일관적으로 남성보다도 여성의 죄의식이 더 높다는 점이 나타난다. 그렇다면 그 이유가 여성들이 생물학적으로 죄의식이나 불안에 더 민감하기 때문인가? 그렇지 않다. 일반적으로 부모들이 아들보다도 딸에게 교육을 더 제한시켰기 때문이다. 여아들은 자신의 신체부위를 자극하면 기분이 좋아지는 것을 알아도 그와 같은 행동을 억제하며, 또 그런 행동으로부터 죄의식을 남아보다 더 심하게 느낀다.

　성장과정에서의 차이 때문에 남성들은 여성들에 비해 성에 대하여 더 적극적으로 반응하고, 관심도 더 높다. 그러나 성적인 자료를 제시한 후 생리학적으로 나타난 반응을 살펴본 실험실 연구들에 의하면, 남녀는 특별한 차이를 보이지 않기도 한다. 그러나 남성의 발기는 눈에 쉽게 띄는 반면, 여성들이 성적으로 흥분하면서 질에서 분비되는 윤활 작용은 쉽게 감지되지 않는다. 그러므로 남성들은 생리적 및 주관적 흥분의 반응 차이가 없는 반면, 여성들은 성적 자극에 대한 생리적 변화가 나타났음에도 불구하고 그 변화를 눈으로 확인하기가 어려워서인지 주관적으로는 흥분하지 않았다고 평가하기도 한다.

감각자극에 따른 성적 흥분의 남녀 차

　성적 관심이나 흥분을 유발시키는 자극들은 다양하지만, 이들을 크게 정서적 자극과 물리적 자극으로 구분해보자. 정서적 자극은 부드러움이나 사랑의 느낌, 상대에 대한 신뢰감이나 안정감 등을 전달할 수 있을 때 성적 흥분이나 관심을 불러일으키는 데 큰 도움이 되지만, 불안이나 분노와 같은 부정적 느낌을 전달하게 된다면 그와 반대가 된다.

　물리적 자극이란 오감을 통해 뇌로 전달되는 자극을 말하는데, 이것들도 역시 정서적 자극과 다를 바가 없다. 뇌에서 부드러움을 감지하는 것은 무언가를 들었거나 보았거나 또는 만져주었던 자극을 뇌가 그렇게 해석한다는 뜻이다. 그래서 '자극을 어떤 정서로 지각하는가'는 물리적 자극이 지닌 속성으로 설명된다.

그렇다면 오감 중 어떤 감각기관이 인간의 성욕을 불러일으키는 데 더 주요한 역할을 하는가? 결론적으로 얘기하자면, 후각과 미각은 성적 흥분을 불러일으키는 데 별다른 역할을 하지 못한다. 그렇지만 사람이 아닌 동물들의 경우에는 후각기관을 통해서 얻은 자극이 생존이나 종족번식 등에 결정적인 역할을 한다. 인간의 조상도 진화과정에서 직립보행을 하기 이전에는 후각기능이 매우 중요했을 것으로 추측될 뿐이다. 인간의 성욕은 시각이나 청각, 촉각 등의 자극들이 뇌로 전달되어 성적 흥분이나 욕구를 불러일으키는데, 이러한 양상은 남녀 간에서 약간 다르게 나타나고 있다.

성욕에 대한 연구가 시작된 약 19세기 후반부터 남성들의 성욕은 시각자극에 의해 가장 쉽게 영향을 받는다고 알려져 왔다. 물론 10대 후반이나 20대의 남성들은 시각자극을 직접 받지 않아도 과거의 기억을 토대로 성욕이 살아나기도 한다. 그러나 30대를 지난 대부분의 기혼남성들은 직접적이거나 선명한 시각자극을 받아야만 성욕이 환기된다.

이를 결혼생활에 대입시켜 보자. 아내는 남편에게 가장 빈번한 시각자극에 해당될 정도로 중요한 존재이지만, 남편의 입장에서는 결혼생활이 오래될수록 동일한 시각자극에 대한 반복적 노출로 인해 그 자극에 대한 민감도, 즉 아내를 신선한 자극으로 받아들이는 정도가 감소될 수 있다. 이를 전문용어로 습관화(habituation)[22] 현상이라고 표현한다. 다시 말하면, 남편은 아내라는 시각자극이 자신의 성욕을 환기시키기에는 너무 진부하다고 느껴지므로 결혼생활에서 권태를 맛볼 가능성이 크다는 뜻이다. 그러한 상태에서는 남편은 아내로부터 성적 흥분을 별로 느끼지 못하고 살아가게 된다. 그렇지만 남성의 생리적이고 심리적인 성적 흥분의 정도는 새로운 자극에 노출되었을 때, 예를 들어 아내가 약간 다른 모습을 보이거나 아니면 아내가 아닌 다른 여성을 만났을 때에는 다시 높아지게 된다. 남성의 눈은 그처럼 간사하므로 아내는 자신의 외모나 의복이 너무 진부한가를 살펴보고 또 남편은 평소에도 아내의 외모나 의복 등에 관심을 가져주어야 두 사람 간의 매력이 감소되지 않는다.

그렇다면 여성들은 어떠한 형태의 자극을 받을 때 매력을 느끼거나 또는 성적으로 가장 민감하게 반응하는가? 남성에 비해 여성은 시각적 자극으로부터 받는 영향은 더 적지만, 청각이나 촉각 등을 수반한 정서 자극으로 인한 효과는 훨씬 더 큰 편이다. 여성들은 남성 그 자체보다도 자신에 대한 관심이나 사랑의 표현을 더 중요하게 여기기 때문에 귀를 통해 관심이나 사랑의 메시지를 직접 듣거나 촉각을 통해 감지된 것처럼 부드럽거나 따뜻한 느낌을 받았을 때 성적으로 흥분하기가 더 쉬워진다.

이러한 남녀의 차이 때문에 성행위 시 남성은 공간 분위기를 조금이라도 더 밝게 조성하려고 하는 반면, 여성은 어둡게 하려고 한다. 남성이 밝은 상태를 추구하는 이유가 시각자극에 의한 흥분을 느끼기에 도움이 되기 때문이라면, 여성이 조금이라도 더 어두운 상태를 원하는 이유는 부분적으로는 수치심 때문일 수도 있으나 무엇보다도 청각이나 촉각을 통해서 전달된 정서적 자극을 기대하기 때문이다.

여성의 성적 관심이나 흥분의 결정은 남성으로부터 받은 언어나 행동을 포함한 모든 정서적 자극에 의해 이루어지지만, 남자들과는 달리 여자들은 그러한 자극들에 대해서 습관화 현상을 보이지 않는 편이다. 듣고 또 들어도 다시 듣고 싶고, 오히려 그러한 자극이 지속되다가 중단될 경우 여성의 성욕이나 성적 관심은 감소할 가능성이 커진다.

또 청각자극이라 해도 단순히 '사랑한다'는 언어적 표현만으로는 충분하지 않다. 사랑의 메시지가 어떠한 목소리로 전달되었는가, 또 어떠한 정서상태에서 전달되었는가에 따라 여성에게 가져다주는 효과가 달라진다. 심신이 건강한 젊은 여성을 상대로 사랑의 메시지가 담긴 청각자극을 제시하면서 성적 흥분 강도를 생리적으로 측정했던 실험이 있었다. 편안한 상태를 유지한 조건에서 청각자극은 여성에게 성적 흥분을 불러일으켰지만, 불안한 조건의 상황에서는 청각자극이 제시되었더라도 여성이 성적 흥분을 느끼지 못했다.

혹자는 남성이 시각자극에 가장 민감하고 여성이 시각보다 청각자극에 더 민감하다고 믿는 것은 잘못이라고 주장한다.

과거부터 시각자극은 남성이 성적 흥분이나 매력을 느끼는 데 매우 중요한 요소였지만, 양성평등의 사회로 변모해가면서 과거에 비하여 여성들도 시각자극을 더 중요하게 여기고 있기 때문에 그렇게 주장할 수 있다. 그럼에도 불구하고 아직도 감각자극에 대한 민감도에서 남녀의 입장 차이는 적지 않다.

남성들의 성적 감각은 성기부위가 다른 신체부위나 물건에 접촉하면서 얻어진 감각을 비롯해 사정의 충동을 느낄 때의 감각, 그리고 사정을 하는 순간과 사정 이후의 짧은 시간 동안에 경험한 느낌 등을 이른다. 특히 사정을 하는 순간의 느낌은 극히 짧은데, 그 경험은 성행위 도중 거의 1회에 한정된다.

흔히 사람들은 남성들이 사정을 할 때 쾌감이 극치에 이른다고 생각하고 있다. 그러나 그것은 잘못된 생각으로, 실제 상황은 좀 다르다. 남성들이 사정을 하는 순간 쾌감을 전혀 얻지 못하는 경우도 간혹 있으며, 또 쾌감을 얻었을지라도 그 정도가 미약할 때가 적지 않다. 생리적 구조상 남성이 여성보다 오르가즘을 훨씬 잘 느끼도록 되어 있지만, 남녀 모두 오르가즘의 경험은 생리적 요인보다도 심리적 효과에 의해 더 쉽게, 그리고 더 크게 좌우된다.

대부분의 남성들은 사정을 하면 그로부터 얼마 가지 않아서 발기상태가 사라진다. 그래서 자고이래 남성들은 조금이라도 더 오랫동안 성행위를 하고 싶어서 발기상태가 유지된 이후 조금이라도 더 나중에 사정할 수 있는 방법에 관심을 가졌다. 일단 사정한 후 남성의 성욕은 사정하기 전과 비교해 매우 빠른 속도로 감퇴하는데, 원래의 발기가 사라진 후 곧바로 다시 발기하는 것은 거의 불가능에 가깝다. 마스터즈와 존슨[23]은 남성들의 이러한 생리적 상태를 불응기(refractory period)라고 표현했다. 곧 남성들은 전형적으로 다시 오르가즘을 경험하려면 일정한 휴식기간이 필요한데, 연령의 증가에 따라 사정이 끝난 후 다시 성욕을 회복하여 흥분하는 데 필요한 시간도 길어진다. 청소년기에는 그 기간이 1~2시간 이내로 짧기도 하지만, 노인들은 몇 달 이상 길어지기도 한다.

남성이 오랫동안 발기상태를 유지할 수 있다고 해도 발기된 성기가 질 속에서 어느 정도 오랫동안 자극해야 여성이 성적으로 만족하는지를 알려주는 법칙이나 기준은 없다. 그 이유는 여성의 성적 흥분이 정서적 요소에 좌우되기 때문이다. 즉, 여성이 동일한 파트너와 성행위를 여러 차례 경험해도 성적 쾌감의 정도는 항상 다를 수 있다. 또한 성행위 자체가 성적 만족을 가져다주는 필수 요소는 아니고, 성행위를 할 때마다 오르가즘을 경험하는 것도 아니다. 아무런 쾌감을 얻지 못한 상태이면서도 여성에게 성적 자극을 지속시키는 것은 남녀 모두에게 오히려 불편한 일이다.

과거 남성 위주의 문화권에서 남자들은 여자의 오르가즘 경험에 별다른 관심이 없었다. 그러나 양성평등 사회로 변모하는 과정에서 여성도 성적 존재임이 확인되었는데, 결과적으로 근래의 많은 여성들은 남자가 상대방의 입장을 무시하고 일방적으로 성행위를 하기 때문에 오르가즘을 제대로 경험하지 못한다고 불평하고 있다. 그런 연유로 요즈음 남성들은 자신의 파트너도 성행위 과정에서 오르가즘에 도달했는가를 확인하려고 애를 쓴다. 이러한 상황에서 남자들은 자신보다도 파트너가 먼저 오르가즘에 도달하면 자신이 성적 상호작용에서 상대방의 입장을 존중해주는 사람이 되었다고 생각하여, 최고의 위안이나 만족으로 여기고 있다.

성 차이 설명 이론

성행동의 일반적인 기저를 설명하는 이론들과 마찬가지로, 성행동의 남녀 차이를 설명하는 이론들도 크게 생물학적 입장을 지지하는 측과 사회·문화적 입장을 지지하는 측으로 이분된다. 전자를 본질론(essentialism)이라고 하는데, 진화론이나 사회생물학(sociobiology)이론 등이 여기에 속한다. 후자는 사회영향(social influences)이론 또는 사회 구성론(social construction-ism)으로, 사회 학습이나 사회 역할, 및 각본(script)이론 등이 여기에 속한다.

본질론자들은 성욕이 인간의 타고난 속성이라고 보면서 생물학적 및 진화론적 결정인자를 강조한다. 그렇기 때문인지 그들은 아예 문화의 역할을 무시해버린다. 일례로 그들은 유전자나 호르몬을 비롯한 다른 생물학적 기제들이 성행동의 주요한 결정인자들이라고 본다. 본질론은 근래에 버스(Buss) 등의 진화심리학 이론이 응용되면서 상당한 영향력을 발휘했다.

이러한 입장은 인간의 성적 동기가 자연도태(natural selection) 과정을 거치면서 유전자를 통해 전달되고 있다고 하며, 남녀의 성욕이 다른 이유를 바로 종족보존의 책임이나 신중함에서의 차이로 귀결시킨다.

예를 들어 성적 자극에 노출되었을 때 남성이 여성보다 더 쉽게 흥분하는 이유도 남자가 여자에 비해 부모로서 투자(investment)를 제대로 할 수 없는 상황에서의 생존전략이라는 것이다. 수태만 시킬 뿐 부모로서 투자를 많이 못한 남성들에게 있어서 최적의 종족보존 전략은 가능한 한 많은 여성을 수태시켜 자신의 종자 생존을 보장하는 길이다. 이러한 목표를 달성하기 위해 아주 쉽게 흥분하거나 혹은 상대를 고려하지 않고 흥분해야 할 필요가 있는 것이다. 때문에 남성의 흥분을 쉽게 유발하기 위한 시각적 성적자극이나 포르노가 발달했다.

그 반면에 뱃속에서 아이를 일정한 기간 동안 키워내고, 출산 후 젖을 먹이면서 양육하는 등 부모로서 투자를 남자보다 훨씬 많이 하는 여성은 어떠한 상태에서나, 또 아무 남성에게나 흥분하는 것이 아니라 부모로서 투자를 조금이라도 더 함께 해줄 수 있는 남성, 즉 사귀고 있는 남성이나 결혼한 남성, 마음에 드는 남성에 대해서만 흥분한다.

상기 입장을 좀 더 구체적으로 보면, 진화론자나 사회생물학자들은 성적자극에 대한 반응이 다른 이유가 최적의 종족번식 전략이 서로 다르기 때문이라고 주장한다. 종족번식 전략은 자연도태의 진화과정 원리에 따라 유전되는데, 이로 인해 성적 태도 및 행동의 다양성도 나타난다. 진화론 입장에 의하면, 부모 역할을 하는 데 있어서 남녀의 투자 정도는 다르다. 여성은 난자 수도 한정되어 있고, 9개월 동안이나 임신해야 하는 어려운 시간을 보내고, 아동기 초기 동안 수유나 양육, 보호의 책임을 떠맡는 등 부모로서 투자하는 반면, 남자는 한꺼번에 많은 정자를 생성해내기만 하지 부모로서의 투자는 여자에 비할 때 별로 하지 않는 편이다.

다윈의 자연도태이론에 의하면, 남성은 부모로서의 투자를 제대로 못했기 때문에 생존을 위해 여성과 어깨를 겨루려 한다. 그래서 여자보다 더 공격적이고 성욕도 더 강한 상태로 여성들과 맞서게 된다. 반대로 여성은 부모로서 투자를 많이 하는 남성, 즉 자녀에게 가장 훌륭한 유전자를 전해주면서 가족을 보호할 수 있는 능력의 소유자를 찾게 된다. 이러한 남녀 차이는 여러 문화권을 비교한 연구에서 증명되었다.

생물학적 결정이론들과는 달리 성적 태도나 행동에 대한 사회적 영향을 강조한 사회구성론의 용어는 버거(Berger)와 러크맨(Luckmann)의 『실체의 사회적 구성 *The social construction of reality*』이라는 저서가 1967년 발간된 이후에 널리 사용되었다. 그들은 이 저서에서 실체(reality)가 궁극적으로 분자나 원자들로 구성되었다는 일반적 견해에 반기를 들면서 실체의 형태를 형성하는 사회과정을 강조했다.

이를 섹스에 응용하면, 성행동이나 태도에서의 차이는 모두 문화, 사회화 과정, 상황적인 영향 등에 의해 학습된 결과로 해석된다. 사람들의 성행위나 성욕은 주로 사회적 맥락에 달려 있는데, 성적 자극에 대한 평가는 그 자극에 관계된 부적 및 정적 감정의 유발 강도에 달려 있다. 사회화 과정에서의 처벌이나 보상의 결과에 따라 각 개인은 나중에 유사한 상황에서 부적 또는 정적으로 반응한다. 예를 들어 성기 부위에 손을 대거나 바닥에 엎드려 있던 여아가 부모로부터 혼났을 경우 그녀는 그러한 경험이 없었던 남아들과는 다른 성적 기준 또는 각본을 구성하면서 살아간다.

서로 대조적 입장을 보여주는 상기의 두 가지 이론을 토대로 하여 남녀의 차이 중 성적 환상에서의 남녀 차를 예로 들어 설명해보자.

첫째, 사회생물학 이론에서는 그 차이를 남녀가 성숙할 무렵 생기기 시작하는 남성호르몬으로 설명한다. 사춘기 이전에는 테스토스테론(남성호르몬의 일종)의 분비에서 남녀의 차이가 별로 없지만, 사춘기 이후에는 사춘기 전과 비교하여 남성은 10~20배 정도 증가하는 반면, 여성은 두 배 정도만 늘어나기 때문이다.

중학교 2학년~고등학교 1학년 사이의 남학생을 상대로 한 연구를 통해, 일부 연구자들은 다른 호르몬들과 달리 테스토스테론의 수준이 성적 환상의 빈도와 관계가 매우 높음을 보여주었다. 앞의 남학생들과 비슷한 나이 또래의 여학생을 상대로 한 또 다른 연구 역시 에스트로겐(estrogen)이나 프로게스테론(progesterone)[24] 등과 달리 남성호르몬이 성적 환상 빈도와 관계가 매우 높음을 보여주었다.

이와 같은 관련성은 실험연구에서도 밝혀졌다. 테스토스테론 수준이 정상인 남성에서는 호르몬 수준과 성행동의 관계가 크지 않았지만, 그 호르몬 수준이 매우 낮았던 남성에서는 성적 동기나 환상에 큰 영향을 미쳤다. 즉, 호르몬 수준이 낮아서 성적 동기 및 환상의 빈도가 매우 낮았던 것이다. 또 자궁 절제술(hysterectomy)[25]을 받고 폐경을 경험하게 된 여성에게 남성호르몬을 주입했을 때 생리적 지수에는 커다란 변화가 없었지만, 성적 환상이 두드러지게 증가했다.

둘째, 사회영향론에서는 성적 환상의 남녀 차이를 남녀가 사회화과정을 서로 다르게 거친 결과라고 설명한다. 여성은 남성이 성행위를 요구할 때만 응해야 하며, 또 남성이 요구하더라도 약혼이나 결혼 등 허용된 관계 내에서만 응하라고 배워 왔다. 또한 어느 상황에서든 원하지 않는 임신은 피해야 한다고 배웠기 때문에 여성은 낯선 자로부터 강간의 예방은 물론 배우자하고의 관계에서도 피임에 대한 책임을 져야 했고, 또 나쁜 소문이 나지 않도록 조심하라는 주문도 수없이 받아 왔다. 여성은 어려서부터 일상생활을 통하여 성적 충동이나 욕구에 관심을 두지 않고 살아야 했기 때문에 남성들과 달리 성을 즐기기 어려운 것이다.

성교 파트너를 제한시키는 것에서도 남녀에 대한 차이가 심했다. 여러 명의 여성을 상대해 온 남성은 종마(種馬)처럼 다른 남성들의 부러움을 사고 우월한 존재처럼 부각되지만,

여성은 성교 파트너가 2명만 되더라도 더러운 여자로 취급받아 왔다. 사회·문화이론에서는 부계사회의 존속을 위해, 다시 말하면 여성이 임신했을 때 아버지가 누구인가를 쉽게 알 수 있도록 하기 위해 여성의 성을 결혼관계 이내로 제한했다고 설명하는데, 이는 남성이 자신의 자녀가 가계나 재산의 상속자가 되기를 바라는 입장의 반영이었다.

보충이론

본질론과 사회구성론의 주장들은 매우 뚜렷하게 대비되지만, 현실적 차원에서 성행동의 기저를 시원하게 설명한 것들은 아니다. 오히려 그 2가지 주장을 접목시켜서 설명하는 것이 더 적절하게 여겨진다. 결국 남녀간의 유전적인 차이와 사회·문화적인 영향 등 2가지 주장의 골격을 병합시켰다고 볼 수 있는 새로운 개념이나 이론들이 생겨났다(물론 이것들도 생물학적 차이를 인정한 상태에서 사회·문화적 영향을 고려한 이론들이기 때문에 순수하게 사회·문화적 요소를 주장하는 여성주의 시각에서 비판의 대상이 되고 있다). 이들 중 하나가 20세기 중반 사회학자나 심리학자들에 의해 개발된 사회교환(social exchange)이론이다.

사회교환이론은 진리나 기정사실로 받아들일 수 있을 정도로 정리되지는 않았다. 이 이론에서는 인간행동이 수요와 공급의 원리에 의해서 조정된다고 주장하는데, 이를 손실(cost:

신체적 상해, 착취, 거부, 당혹, 불안 등)과 이득(benefit: 도움이나 금전 획득, 타인으로부터의 인정이나 보호, 우정이나 사회적 지지, 즐거움 등)으로 설명한다. 즉, 모든 행동이 이득과 손실을 따져 보면서 달라진다는 것이다.

성행동도 역시 사회교환이론으로 설명이 가능하지만, 이 이론에서 성행동을 설명할 때 기본 명제는 남녀가 근본적으로 다르다는 점을 토대로 하는, "성행위란 여성이 남성에 제공하는 재원"(sex is a resource that women give to men)이다. 다양한 성행동 영역 중 성매매가 이런 틀에서 가장 쉽게 설명되고 있는 분야다. 남성은 성행위에 대한 강한 욕구를 지니고, 여성은 성행위를 하려는 남성의 기회를 조정한다. 그러므로 남성은 성행위를 위해 여성에게 다른 재원을 제공해야 하고, 여성에게는 성행위에 응해주는 것 자체가 재원이 된다. 즉, 성행위는 여성이 지닌 재원임과 동시에 남성이 원하는 것이므로 남성이 이를 얻기 위해 여성에게 무언가(금전, 쾌락, 안전, 보호 등)를 제공해야 한다고 설명한다. 이러한 설명은 앞에서 말했듯이 남녀가 상호 성행위를 통해 만족을 얻을 수 있다는 여성주의 입장에 위배된다.

또 다른 대표 이론은 바우마이스터(Baumeister)의 변별이론 (differential theory)이다. 그는 여러 연구결과들을 종합하여 남녀의 성욕이 변별될 정도로 다르며, 일생동안 성욕의 변화는 남성보다 여성에게서 더 크게 일어난다고 주장한다. 이 이론의 핵심을 보다 더 정확히 표현하면, 여성의 성반응 및 행동은 남성에 비해 문화, 사회, 및 상황적 요인들에 의해 더 쉽게, 더 크게 좌우된다는 것이다. 그는 또 성적인 면에서 여성이 남성보다 적응력이 더 뛰어난 이유를 '남녀간의 힘(power)이 다르기 때문'으로 설명했다. 즉, 남성들보다 사회, 경제, 정치적으로 힘이 더 약한 여성들은 적응을 위하여 힘이 센 남성들과의 결속이 필요하므로, 이를 위하여 사회적으로 유연하게 대처해야 한다는 것이다.

그렇기 때문에 남성에 비해 여성이 일생동안 성행동에서의 변화의 폭이 더 크다. 예를 들어 남성은 일생동안 일관성 있게 성행위에서 오르가즘을 얻지만, 여성의 오르가즘 빈도는 일생동안 매우 다르다. 남성은 일상적인 성관계를 가질 상황이 아닐 경우 자위행위나 성매매를 통하여 만족의 빈도를 유지하지만, 여성은 장기간 성적 긴장의 배출구를 갖지 않고 살았더라도 기회가 생기면 매우 적극적인 자세를 보여주기도 한다.

맺음말

역사적으로 수차례 전개되었던 성 혁명 중 가장 최근의 경우는 20세기 후반에 전개된 것이다. 이와 같은 변화에 대한 주요한 계기는 서구의 경우 경구용 피임약의 보급이라면 우리 문화권의 경우 포르노의 확산이라고 할 수 있다. 성 혁명으로 인하여 단순히 태도나 행동 등을 비롯하여 성의 개념도 변한다. 20세기 초반까지만 하더라도 성을 바라볼 때 주로 생물학적인 면에 초점을 맞추었지만, 현재는 생물학적 면과 사회과학적 면을 모두 중요시하고 있다. 이를 달리 표현하면, 과거에는 섹스를 위주로 성의 개념이 정의되었던 시절로부터 섹스와 젠더를 합해서 성을 정의하는 시대로 변모하였다.

성의 개념이 무엇이었든지 상관없이 그 개념 속에는 한 시대를 살아가는 사람들에게 어떻게 살아나갈 것인가의 방향을 제시해주고 있다. 과거에는 본능적 욕구충족이 힘의 논리에 의하여 크게 좌우되었지만, 근래와 미래에는 동서양을 막론하고 평등하게 살아갈 권리가 보장된 사회로 전환되면서 욕구충족의 수준에서 차이나 차별을 줄이고 있다. 곧 근래에는 과거에 비하여 여성의 입장이 남성과 동등해지고 있으며, 연령의 고저에 따른 차별도 하지 않고 있다. 결국 성욕이나 성적 흥분 등에서 나타난 남녀 차이를 설명하는 이론들의 틀도 시간이 지나면서 바뀔 가능성이 적지 않다.

주

1) 변화 과정에 대해서는 본서의 뒤편에서도 부분적인 설명이 이루어지고 있다.

2) 이를 현대식 용어로 '환경호르몬'의 영향을 받았다고 표현할 수 있다.

3) 사회과학적으로 표현할 시에는 변화 중에서도 보수에서 진보로의 빠른 변화를 '성 혁명'이라 하지만, 그 반대로 진보에서 보수로 바뀌는 경우를 '성 회귀'라고는 하지 않는다. 그렇지만 자연과학적으로 표현할 시에는 보수에서 진보이든, 진보에서 보수이든 모두 '성 진화'라고 할 수 있다.

4) 빅토리아 왕조 시대의 특성은 본서의 중반부 '서구 기독교문화권'에서 상세히 설명된다.

5) 본서의 뒷부분 '동양문화권'편에서 유교와의 관련성을 약간 더 설명하게 된다.

6) Ruan(1991).

7) 학명은 'Pan paniscus'라고 한다.

8) 이를 페로몬(pheromone)이라 하는데, 외분비호르몬으로 번역하기도 한다.

9) 성행위의 자세 중 서로 얼굴을 마주본 상태에서 시도하는 것을 정면성교(face-to-face intercourse), 수컷이 암컷의 둔부 쪽에서 시도하는 것을 후미성교(rear intercourse)라 한다. 네발짐승의 경우 거의 대부분 후미성교 자세를 취하는 반면, 직립보행을 하는 인간이나 인간에 가까운 고등동물은 정면성교가 가능하다.

10) 양성평등의 개념은 본서의 중반부에서 좀 더 상세하게 언급되고 있다.

11) 혹자는 이를 "여성중심문화" 또는 "모계사회"라고 부르고 있지만, 엄밀하게는 그 정도로 인지적 능력이 뛰어난 편이라고 보기는 어렵다.

12) 네덜란드의 조그마한 도시로 헤이그와 로털담 사이에 위치하고 있다.

13) 레비레이트 풍습은 중국의 흉노족, 몽고족, 티벳족 등에서도 존재했다.

14) 히브리어 할리짜는 영어로 "drawing off"의 의미를 지녔다.

15) Byer & Shainberg(1990).

16) Byer & Shainberg(1990).

17) 마녀사냥은 18세기초반 악마의 존재를 의심하는 엘리트들이 등장하면서 거의 사라졌지만, 서구사회에서 마녀를 불태워 죽인 마지막 박해는 1782년 스위스에서 있었다.

18) 이 시기를 빅토리아 왕조 시대라고 부른다.

19) Ruan(1991).

20) 우리 문화권에서 도사라는 용어 사용은 거의 대부분 남성에게만 적용시킨다. 예를 들면, 연애도사라고 부르는 남성들은 있지만 여성은 거의 없다.

21) 여성보다도 남성의 몸속에서 더 많이 분비됨과 동시에 더 주요한 기능을 발휘하는 성호르몬을 남성호르몬이라고 한다. 일반적으로 남성호르몬의 총칭은 안드로겐(androgen)이며, 안드로겐의 대다수를 차지하는 호르몬이 바로 테스토스테론이다. 고환에서 생성되는 테스토스테론은 사춘기 남성의 음성 변화, 음모 성장, 성기 발달 등 신체적 변화를 통제하는 역할을 하며, 또 성욕에도 영향을 미친다. 여성의 경우 난소와 부신에서 소량의 남성호르몬을 생성하고 있다.

22) 동일하거나 유사한 자극에 대한 반복노출로 인하여 반응강도가 감소하는 것을 말한다.

23) 마스터즈(William Masters)와 존슨(Virginia Johnson)은 1950년대와 60년대에 성행동에 대한 생리학적 연구를 시도하여 성반응주기가 흥분(excitement), 고조(plateau), 극치(orgasm), 및 해소(resolution)의 4단계로 이루어진다고 주장했다. 그들에 의하면, 일단 해소 단계를 거친 후 성적 자극이 주어져도 흥분이 되지 않는 기간을 불응기라 한다.

24) 남성보다도 여성의 몸속에서 더 많이 분비되고 더 중요한 역할을 하는 호르몬을 흔히 여성호르몬이라고 하는데, 그 대표적인 것이 바로 난소에서 분비되고 있는 에스트로겐과 프로게스테론이다. 에스트로겐은 난자세포를 성숙시켜 배란을 촉진하고 월경주기를 조절하며, 여성의 제2차 성징의 발달에

영향을 주고, 또 여성의 성욕에도 영향을 준다. 프로게스테론은 자궁환경을 임신에 최적의 상태로 가꾸어주는 역할 및 젖을 분비하는 데 중요한 역할을 한다.

25) 악성이나 양성질환으로 인해 자궁 내부에 이상이 생길 경우 가장 흔한 증상은 출혈 과다와 자궁통증이다. 이러한 증상을 없애주면서 합병증의 발병 가능성이 낮은 수술방법을 자궁절제술이라고 부르는데, 질환의 상태 및 증상 정도에 따라 자궁 경부 전체 또는 일부를 절제한다.

참고문헌

윤가현, 『성 문화와 심리』, 학지사, 2006.

______, 『문화 속의 성』, 학민사, 2001.

Allgeier, E., & Allgeier, A. *Sexual interactions* (3rd ed.). Lexington, Massachusetts: D.C. Heath & Co., 1991.

Baumeister, R. "Gender differences in erotic plasticity: The female sex drive as socially flexible and responsive", *Psychological Bulletin*, 2000, p.126, pp.347-374.

Berger, P., & Luckmann, T. *The social construction of reality: A treatise in the sociology of knowledge*, Garden City, NY:Doubleday, 1967.

Bullough, V., & Bullough, B. *Sexual attitudes: Myths and realities*, Amherst, New York: Prometheus Books, 1995.

Buss, D., & Schmitt, D. (1993). "Sexual strategies theory: An evolutionary perspective on human mating", *Psychological Review*, 1993, p.100, pp.204-232.

Byer, C., & Shainsberg, L. *Dimensions of human sexuality* (4th ed.). Madison, Wisconsin: Brown & Benchmark, 1994.

DeLamater, J. D., & Hyde, J. S. "Essentialism vs. social constructionism in the study of human sexuality", *J of Sex Research*, 35, 1998, pp.10-18.

de Wall, F. "Bonobo sex and society", *Scientific American*, 272(3), 1995, pp.82-88.

Jones, J. C., & Barlow, D. H. "Self-reported frequency of sexual urges, fantasies, and masturbatory fantasies in heterosexual males and females", *Archives of Sexual Behavior*, 19, 1990, pp.269-279.

Leitenberg, H., & Henning, K. "Sexual fantasy", *Psychological Bulletin*, 117, 1995, pp.469-496.

Ruan, F. *Sex in China*, New York: Plenum, 1991.

Schmitt, D. and 118 coauthors including Youn, G., "Universal sex differences in the desire for sexual variety: Tests from 52 nations, 6 continents, and 13 inlands". *J of Personality & Social Psychology*, 85, 2003a, pp.85-104.

Schmitt, D. and 131 coauthors including Youn, G. "Are men universally more dismissing than women?: Gender differences in romantic attachment across 62 cultural regions", *Personal Relationships*, 10, 2003b, pp.307-331.

Tuana, N. *The less noble sex: Scienctific, religious, and philosophical conceptions of women in nature*, Bloomington, Indiana University Press, 1993.

큰글자 살림지식총서 030

성, 그 억압과 진보의 역사

펴낸날	초판 1쇄 2012년 10월 15일
	초판 2쇄 2013년 8월 9일

지은이	윤가현
펴낸이	심만수
펴낸곳	(주)살림출판사
출판등록	1989년 11월 1일 제9-210호

주소	경기도 파주시 문발동 522-1
전화	031-955-1350 팩스 031-624-1356
기획 · 편집	031-955-4662
홈페이지	http://www.sallimbooks.com
이메일	book@sallimbooks.com

ISBN	978-89-522-2121-6 04080

※ 이 책은 큰 글자가 읽기 편한 독자들을 위해
   글자 크기 15포인트, 4×6배판으로 제작되었습니다.